스타트업을 키우는
농림수산식품 모태펀드

스타트업을 키우는
농림수산식품 모태펀드

초판 1쇄   2023년 5월 20일
지은이   정성봉
발행인   김호정

펴낸곳   북킴스 출판사
주   소   서울시 영등포구 국회대로 800, 730호
등   록   2018. 09. 28. (제2020-000033호)

출간문의   42km@naver.com

전   화   070-7576-3310
팩   스   050-4428-1505

ISBN   979-11-967406-5-8 93320 (종이책)   979-11-967406-6-5 95320 (전자책)

스타트업을 키우는
농림수산식품 모태펀드

A STUDY ON THE IMPACT OF FAFF(FOOD, AGRICULTURE, FORESTRY AND FISHERY)
FUND OF FUNDS ON AGRICULTURAL ENTERPRISE INVESTMENT
IN KOREA VENTURE CAPITAL

정 성 봉

오래전부터 "미래에 가장 유망한 산업은 농업"이라는 주장을 펼쳐온 투자의 대가 짐 로저스 로저스홀딩스 회장의 전망대로 농업은 새로운 성장 산업으로서 국내 투자시장에서도 유망한 투자 키워드로 자리 잡았습니다. 세계 최대 전자쇼로 명성이 높은 미국 국제전자제품박람회(CES)에서도 올해는 농기계 업체 존디어가 농업계 최초로 기조연설을 맡아 큰 관심을 받았습니다. 앞서 임파서블 푸드는 식물성 대체육으로 만든 버거로 시선을 사로잡았고, 한국의 컨테이너형 수직농장 업체인 엔씽은 최고혁신상을 수상하는 등 CES에서도 일찌감치 농업이 새로운 산업 트렌드로 주목받고 있습니다. 4차 산업혁명 시대를 맞이해 농업이 디지털 신기술과 결합하면서 지속적으로 혁신하고 있기에 가능한 일입니다.

이 같은 변화와 농업에 대한 투자회사들의 관심을 가장 확실하게 체감하고 있는 곳이 바로 농업정책보험금융원에서 운용하고 있는 '농식품모태펀드'입니다. 국내 농식품기업에 집중적으로 투자하는 유일한 정책펀드로서 농식품벤처시장의 마중물 역할을 하고 있습니다.

정성봉 센터장님의 이번 저작은 농식품모태펀드의 다양한 역할에 대하여 점검하고, 모태펀드가 농산업 생태계에 미치는 영향을 이론적으로 증명하였습니다. 여기에 더해 앞으로의 전략과 방향까지 제시하고 있습니다. 보조와 융자가 중심이던 농업금융에 '투자'의 개념이 자리 잡게 된 그간의 배경과 과정을 돌아보고 글로벌 트렌드에 대해서도 점검했습니다. 또한 정책펀드를 구성하는 정부 재원의 규모와 이를 기반으로 한 펀드 전체의 결성 규모를 기반으로 연구분석을 수행했습니다. 뿐만 아니라 현장에서 뛰고 있는 국내 벤처캐피탈 심사역 104명을 대상으로 한 설문 결과를 반영하여 신뢰도를 높였습니다.

'농업'과 '투자'를 키워드로 도서 검색을 하면 국내에서 발간된 책을 찾아보기가 어려운 게 현실입니다. 정 센터장님의 저작은 국내 농산업벤처투자에 대해 집중적으로 분석한 보기 드문 책으로 농식품 분야의 투자 생태계를 이끄는 역할을 할 것으로 기대됩니다. 또한 농식품벤처시장에서 농식품펀드의 역할에 대한 관심을 높이고 공감대를 형성하는 좋은 출발점이 될 것이라고 생각됩니다. 농식품 산업에 관심을 가진 분들의 일독을 권합니다.

매일경제 정혁훈 부국장
/ 농업전문기자

　　기술과 혁신을 기반으로 국내 투자시장은 빠르게 옷을 바꿔입고 있습니다. 핀테크(금융+기술)의 발달로 금융이 무한 경쟁의 시대를 시작하였고 코로나19로 인해 당초 예상보다 디지털 전환 속도가 더욱 빨라지며 데이터를 활용한 융합혁명의 시대는 이미 본격적으로 시작되었습니다. 이 같은 혁명의 물결은 특정 산업 분야에만 국한되는 것은 아닙니다. 특히 농업 분야는 변화가 가시적으로 돋보이는 산업입니다. 농업과 기술이 결합되면서 애그테크, 푸드테크 등 새로운 산업 신용어들이 등장하였고 국제전자제품박람회(CES)에 주요 세션으로 등장하는 등 전 세계적인 관심이 집중되고 있습니다. 그만큼 농식품 산업에 대한 정책당국과 업계의 관심이 높아지고 있다는 의미이기도 합니다.

　　현재의 농식품산업 현장은 금융업에 디지털 혁신, 즉 핀테크 혁신이 가속화되던 초기 모습과 흡사합니다. 핀테크라는 하나의 금융 신사업이 탄생하면서 금융구조 및 금융 역할의 변화에까지 큰 역할을 주었으며 산업과 기술의 경계가 없어지고 기술과 비즈니스 모델이 융합되는 새로운 혁명의 시대가 시작되었습니다. 이처럼 농식품 분야도 기술과 만나는 대혁명과 변화의 격전지에 놓여 있는 것 같습니다. 스마트팜, 데이터농업, 농업기기 자동화, 인공지능이 결합된 식품제조·

판매 등 ABCDIG(인공지능, 블록체인, 클라우드컴퓨팅, 빅데이터, IoT, 5G) 기술혁명과의 융합이 기대되는 상황입니다. 농식품기업에 대한 투자시장의 관심도 높아지고 있습니다.

수년간을 투자 현장에 몸담으며 많은 벤처기업, 벤처캐피탈과 소통하였던 경험으로 보아 최근 농식품 분야에 대한 투자시장의 관심도가 굉장히 높아졌다는 것을 알 수 있습니다. 바로 이러한 변화와 트렌드를 잘 분석하여 반영한 것이 이 책이라고 생각합니다. 농산업 분야에 집중한 농식품 펀드에 주목하고 향후 나아가야 할 역할과 방향까지 제안함으로써 생태계의 성장과 혁신에 초석이 되는 좋은 역할을 수행하기를 기대합니다.

서강대학교 기술경영대학원장

정유신

2020년 전 세계를 강타한 COVID-19와 급격한 기후변화, 러시아-우크라이나 전쟁 발발 등 복합적 요인에 따라 농산물 인플레이션 발생과 공급망 블록화가 이루어지면서 전 세계적으로 식량안보에 대한 관심이 높아지고 있습니다.

식량과 에너지 및 금융 측면의 위기 고조로 경제적 불평등이 만성적으로 확대되는 상황에서, 인구 증가와 생산자 고령화, 농지 감소와 기후변화로 인한 식량공급 문제, 식품폐기물 등 식량안보와 직결되는 미래 글로벌 식량 시스템의 위기는 향후 더욱 심화될 것으로 전망됩니다.

특히, 한국은 전 세계에서 가장 빠르게 인구구조의 노령화가 진행 중이고 경지면적도 매년 감소 추세에 있어, 식량안보의 위협에 매우 취약한 국가로 인식되고 있습니다. 이에 전통 농식품 산업의 혁신을 도모하고 지속 가능한 미래 농식품 산업 기반을 조성하기 위한 농식품모태펀드의 역할이 더욱 중요해지고 있습니다.

이 책은 그간 농식품모태펀드의 운용·관리 과정에서 축적된 저자의 실무적·정책적·학문적 경험과 지식을 바탕으로, 농식품 산업의 혁신 지속을 위해 필요한 핵심적 질문과 이론적 근거를 제시하며, 국내 농식품벤처투자 시장에 참여 중인 정책기관 및 벤처캐피탈 등 민간자본이 나아가야 할 방향성에 대해 가이드를 제공하고 있습니다.

국내 벤처투자 생태계의 태동부터 농식품모태펀드의 등장 배경, 과거부터 현재까지의 농식품 펀드 운용과 투자실적 및 이에 따른 농식품 기업의 성장에 대한 고찰까지 저자의 전문적 시각으로 폭넓게 풀어낸 이 책이, 다양한 시장 참여자들에게 인사이트를 제공하여 국내 농식품벤처투자 생태계를 더욱 활성화시키고 대한민국 식량안보 구축에 기여할 수 있는 원동력이 될 것이라 기대합니다.

한국농식품벤처투자협회장

권준희

"꿈은 씨앗이고, 희망은 확신이며, 도전은 용기입니다."

꿈은 내 가슴을 뛰게 하는 멋진 미래의 씨앗이고, 도전은 꿈과 희망을 갖고 한 걸음씩 나서는 용기부터 시작합니다. 현대 경영학의 아버지 피터 드러커 교수는 "미래를 예측하는 가장 좋은 방법은 미래를 직접 만들어가는 것이다"라고 했습니다.

정성봉 센터장은 그냥 자리에 머물러 있지 않고, 고민하며 미래를 향하여 적극적으로 나아가는 도전 한국인입니다. 농식품산업을 키우기 위하여 도입된 농식품모태펀드의 운용성과와 향후 과제를 잘 제시하여 우리나라 농식품 산업의 미래를 밝게 만드는 데 큰 역할을 하고 있습니다.

보조와 융자 중심으로 인지되어 오던 농업금융에 '투자'의 개념을 자리 잡게 한 그간의 배경과 성장과정을 돌아보고 이 연구 결과물이 활용될 분야를 구체적으로 제시하였습니다. 연구방법에 있어서 10여 년간 축적된 공공기관의 데이터 분석뿐만 아니라 벤처투자업계의 현장에서 뛰고 있는 벤처캐피탈 심사역들을 대상으로 한 설문조사결과를 반영하여 연구결과물의 신뢰를 더하였습니다. 이 책은 농식품산업의 투자 생태계를 키우고 다양화하는 가이드 역할을 할 것입니다.

훌륭한 사상가나 지성인의 글이 영혼에 꽃을 피우고 산소를 공급한다면, 한 권의 좋은 실무 도서는 들녘에 내리는 봄비처럼 읽는 사람에게 실무지식이 잘 스며들도록 할 수 있습니다.

추운 겨울을 이겨낸 씨앗만이 아름다운 봄꽃을 피워낼 수 있습니다. 이 책은 10년간 농금원 투자운용본부 직원들이 노력한 결과물이기에 더욱 아름답고 귀합니다.

'한 사람의 열 걸음보다, 함께하는 한 걸음'을 더 소중한 가치로 삼고 만들어진 이 책이 많이 읽혀 우리나라 농식품 분야를 넘어 대한민국의 산업 전체를 키우는 데 일조하길 바랍니다.

숭실대학교 경영대학 겸임교수 조영관
/ 경영학박사 / (사)도전한국인본부 상임대표

AI, ICT, 빅데이터 등의 혁신기술을 기반으로 한 전 산업 생태계의 변화가 적용되고 있는 요즘 농산업, 식품산업에도 이와 같은 패러다임 전환기가 도래하였다. 전통적으로 농업은 '의', '식', '주'의 하나인 '식'을 담당하는 국가 근간 산업으로 급격한 변화보다는 정직하고 꾸준한 변화를 거듭해 왔다. 그러나 그러한 특징만큼 최근에는 농촌소멸, 고령화, 인력난 등의 여러 문제를 앓기도 하였다. 여전히 이러한 문제는 존재하지만, 최근에는 기술을 접목한 '애그테크', '푸드테크' 등의 주요 키워드로 떠오르면서 젊은 창업가들의 농식품 분야 창업에 대한 관심도 조금씩 확대되고 있는 추세이다.

국내 농산업은 정부에 대한 의존도가 높은 산업이다. 특히 농업 금융 분야는 주로 보조금과 융자를 중심으로 이루어져 있어, 농업경영인들도 이 같은 제도적인 구조에 익숙해져 있다. 하지만 산업의 성장에 있어서 정부의 지나친 개입과 보조금, 융자만으로 구성된 금융 정책은 한계를 지니며, 이런 한계를 극복하는 제도가 바로 '투자'이다. 농업경영인은 투자를 통해 투자자와 파트너 관계를 형성함으로써 기업가치와 성장단계에 맞는 알맞은 규모와 조건의 자금을 조달할 수 있다.

이 같은 '투자'는 일반적으로 대부분의 국민이 이용하는 예금, 적금, 주식, 펀드 등의 다양한 방법이 있지만 본 연구에서 집중하는 것은 비상장기업들을 대상으로 투자하는 모험자본인 '벤처캐피탈'이 중심이 된다.

본 연구에서는 선행연구를 통해 정책펀드, 즉 정부의 재정지원이 해당 분야 스타트업의 확대와 투자 생태계 조성에 어떠한 영향을 줄 것인가에 대하여 방향을 설정하였으며, 이에 따른 연구모형 및 가설을 제시하였다.

연구모형 설정에는 정부출자재원, 총 출자 규모, 특수목적펀드 여부 등의 독립변수가 농식품펀드에 대한 관심도 증가, 농식품기업에 대한 투자 증가, 농식품기업의 성장 등에 미치는 영향에 대하여 분석하기 위한 가설을 제시하였다. 하위 가설을 포함하여 총 아홉 가지 가설을 설정하였고 채택 여부를 결정하였다.

본 연구를 수행하기 위해 벤처캐피탈에 종사하는 운용사 심사역 104명을 대상으로 하여 의견을 수렴하였으며 이를 기반으로 Delphi 기법에서 착안한 심층 인터뷰를 진행하였다. 또 농식품모태펀드 관리기관인 농업정책보험금융원을 통해 확인 가능한 데이터를 기반으로 추가 분석하였다. 현업에 종사하는 심사역의 의견을 보다 집중적으로 수용하고 수집할 수 있었기 때문에 본 논문의 가치가 보다 실무적이고 현실적인 결과로 이어질 수 있었다.

종합하면, 농식품 분야로 구체화하여 한국벤처캐피탈의 농식품 기업 투자에 농식품모태펀드가 미치는 영향에 관한 연구는 처음 시도하는 연구이며, 선행연구의 기본적인 방향과 기법을 참고하였다. 여기서 농식품모태펀드가 의미하는 바는 단순한 펀드의 종류가 아닌 정부의 재정지원(공적자금) 성격으로 대변되는 구분으로 적용하였다. 이를 통해 농식품펀드에 대한 정부의 출자재원 확대, 전체 펀드의 출자 규모 확대 등이 농식품기업에 대한 투자증가로 이어진다는 연구결과를 얻을 수 있었다.

아울러 본 연구는 농식품모태펀드에 국한되지 않고 농식품경영체의 성장과 투자시장 확대를 위해 정책적, 학문적, 실무적 통찰력을 제공하는 데 도움이 될 수 있을 것으로 생각한다.

정성봉

| 주요 키워드 |

◎ 벤처캐피탈(Venture Capital)

◎ 농림수산식품투자모태조합(FAFF FUNDS) FAFF: Food, Agriculture, Forestry and Fishery

◎ 투자운용사 심사역

◎ 벤처투자

◎ 농림수산식품산업

◎ 애그테크(AgTech)

◎ 푸드테크(FoodTech)

◎ 정책펀드

◎ 정책금융사업

◎ 출자, 출자총액(규모)

◎ 농식품경영체(Agriculture Food Enterprise)

◎ 공적재원의 출자

◎ 피투자경영체

◎ 재무적 성장(매출액 증가)

◎ 비재무적 성장(고용인원 증가)

Table of Contents

제1장

서론

제2장

연구에 대한 이론적 배경

제3장

연구모형 및 가설 설정

제4장

실증분석

제5장

결론

| 저자 소개 |

정 성 봉

1964년생으로 고려대학교에서 MBA, 웨스트민스터신학대학원대학교에서 M.Div. 학위를 취득했다. 캐롤라인대학교에서 디지털농업경영을 전공하여 경영학 박사학위를 받았다. 1989년부터 2005년까지 Allianz생명 감사역, 금융감독원 선임검사역으로 근무하였으며 농업정책보험금융원에서 수석검사역, 경영기획실장, 투자운용본부장을 거쳐 2005년부터 현재 투자지원센터장으로 근무 중이다. 국제공인경영컨설트(CMC), 국제공인부정조사관(CFE), 외식지도사 자격을 보유했다.

주요 활동 경력은 다음과 같다. 농식품부 산하 농업정책보험금융원 수석검사역 재직 시(2005-2013) 농협, 수협, 산림조합 1,000개 이상에 대해 정책자금취급에 관한 현장검사를 하였다. 투자운용본부장 재직 시(2019-2022) 농식품모태펀드 출자 자펀드인 지역특성화펀드(경북), 영퍼머스펀드, 그린바이오펀드, 스마트농업펀드, 창업보육(AC전용)펀드, LP지분 유동화 세컨더리펀드를 도입하였고 총 12회에 걸쳐 38개의 자펀드(농식품 32개, 수산 8개) 업무집행조합원(GP)선정을 위하여 투자심의위원회에 위원장으로 참여하였다. 300여 건 이상의 농식품모태펀드 출자 자펀드 관련 자펀드 투자심의위원회 투자검토를 하였다. 또한 동 기간 중 투자지원센터 3곳(여의도, 전북, 경북)을 운영하며 농림수산식품 경영체를 대상으로 투자 전후 지원프로그램인 현장코칭 및 맞춤형컨설팅, 사업설명회(IR)개최, 스케일업 및 마케팅 지원 프로그램을 운용하였다. 한국농업기술진흥원, 농림수산식품기술기획평가원, 한국식품산업클러스터진흥원, 한식진흥원, 축산물품질평가원, 한국마사회, 해외농업개발협회, 한국임업진흥원, 국제식물검역인증원, 한국능률협회, 머니투데이, 국민일보 등이 주관하는 행사의 평가 및 심사위원으로 참여하고 있다. 2022년 11월에는 농림수산식품 분야의 VC와 AC, 유관기관이 회원인 한국농식품벤처투자협회를 설립하는 데 힘을 보탰다.

제1장

서론

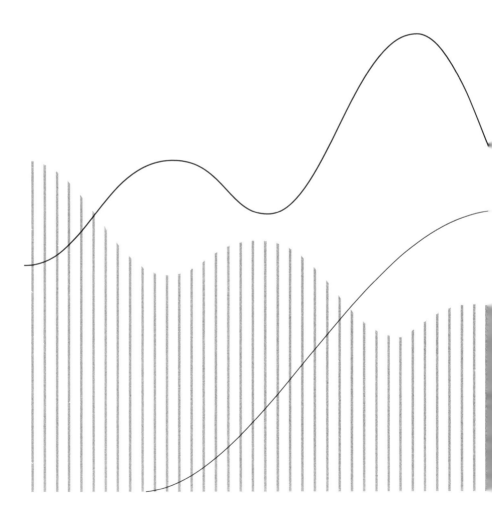

연구의 배경

산업이 태동하고 확대되어 활성화되기 위해서는 성장을 뒷받침해 줄 수 있는 자금이 유입되어야 하고 그에 따라 산업을 대표하는 혁신기업들이 등장해야 한다. 이러한 맥락에서 정부는 2013년 '창조경제'라는 키워드를 앞세워 벤처캐피탈 산업과 창업기업들을 전폭적으로 지원하는 생태계를 조성해 왔다. 다양한 공적자금 지원방안을 마련하며 '성장사다리 펀드' 등이 등장하였고, 이러한 정부의 적극적인 의지는 벤처캐피탈 운용자금이 2012년 10.4조 원에서 2015년 17.9조 원으로 확대되는 가시적인 성과로 나타났다. 이를 통해 국내 벤처캐피탈시장이 급격히 확대되고 스타트업기업 수가 증가하면서 전국 각지에 '창조경제혁신센터'가 생겨났고 창업지원을 위한 각종 지원사업들이 등장했다. 보조 형태의 지원사업부터 벤처투자까지 생태계의 전후방을 잇는 유기적인 체계를 구축하였다고 보인다. 또 이때부터는 벤처캐피탈 생태계의 범위도 확장되어 초기 마이크로 VC, 액셀러레이터, 크라우드펀딩 등의 다양한 투자 주체들이 등장한다.

이와 같은 산업 육성정책은 비단 특정 분야에 국한된 움직임은 아니며, 창업기업을 육성하고 벤처캐피탈 산업 자체를 확대하기 위한 거시적인 움직임이었다. 그러나 약 10여 년이 흐른 지금은 몇 가지 아쉬운 점들이 보인다. 첫째는, 아직도 벤처캐피탈 산업은 공적 출자금의 비중이 크다는 점이다. 시장의 마중물 역할을 한다는 기본 취지를 충실히 달성하기 위해 노력하고 있으나 아직은 정책자금의 촉진 역할을 필요로 하는 많은 분야가 존재한다. 두 번째는 특정 산업의 쏠림 현상이다. 벤처캐피탈협회와 한국모태펀드를 운용하는 한국벤처투자(KVIC)의 통계자료를 보면 ICT서비스, 바이오/의료, 유통/서비스, 전기 등의 분야에 벤처자금이 집중되어 있다는 것을 알 수 있다. 더욱이 농림수산식품 분야를 비롯하여 몇몇 분야는 별도의 통계치로 산출되지 못한 채 '기타'로 분류되어 있다. 국가의 근간이라고 할 수 있는 농업이 가장 외면받는 실정이며 이에 대한 집중이 필요하다는 것을 알 수 있다.

4차 산업혁명과 산업의 급속한 발전으로 인해 아직도 외면받고 있지만, 농업은 선진국형 산업이다. 미국, 뉴질랜드, 호주, 다수의 유럽 국가 등 대부분의 선진국은 농업을 근간으로 경제성장을 이루었다. 전·후방적으로 우리의 삶과 밀접하게 연계되어 있으며, 인간의 3대 기본요소인 '식(食)'을 책임지고 있다. 또한 최근 농업도 스마트화되어 디지털 농업 전환기를 맞이하고 있으며 환경오염, 코로나19, 국제분쟁 등 국내외 환경적 영향으로 인해 국내 농업과 식량 자급률, 식량안보 등에 대한 관심이 더욱 대두되고 있다.

그렇다면 농산업의 금융환경은 어떠할까? 전통적으로 농업금융은 보조금과 융자에 의존해 왔다. 또 과거에는 농촌사회라는 집단적 특성이 존재하여 다소 폐쇄적이며 지역에 기반을 둔 커뮤니티를 형성해왔기 때문에, 타인의 자본이 들어오는 것에 극도로 민감해했다. 그러나 최근 몇 년간의 움직임은 다르다. 4차 산업혁명이 우리의 삶 속에 점점 녹아들고, 정보통신혁명이 이루어짐과 동시에 농업에도 변화가 시작되었다. 젊은 기업인들이 스마트팜, 식품산업, 농식품 플랫폼, 디지털 농업 등의 분야에 진입하였으며, '마켓컬리', '프레시지', '제주맥주', '엔씽', '팜에이트' 등 대표적인 예비 유니콘기업들을 배출해내고 있다.

이러한 변화의 구심점에는 제3섹터형 금융으로서 '투자'가 존재한다. 농식품 분야는 2010년부터 별도 정책펀드인 '농림수산식품투자모태조합(이하, 농식품모태펀드)'을 통해 농산업의 특수성을 반영한 맞춤형 펀드 조성과 농식품기업 지원사업을 운영하고 있다. 벤처캐피탈시장의 관심도가 낮았던 조성 초기와 달리 2021년 말 기준으로는 약 1조 5천억 원 규모로 94개의 펀드가 조성되어 있으며 농식품펀드 조성을 희망하는 벤처캐피탈이 증가하며 출자사업 경쟁률 또한 증가하고 있다. 또 기존의 벤처펀드 출자기구로 사용되던 벤처투자조합, 신기술사업투자조합 등의 방식이 아닌 농식품투자조합이라는 별도의 투자기구를 통해 농식품벤처시장의 육성과 농식품기업의 투자유치를 위한 체계적인 구조를 만들어 왔다.

농림수산식품산업의 구조적인 특성과 정책적 지원 특성상 농식품모태펀드의 등장은 농식품경영체에게 생소한 개념이다. 이는 농식품펀드와 이를 관리하는 농업정책보험금융원에도 새로운 도전이었지만 부단히 노력한 지난 12년의 노력 덕에 현재는 '투자'의 개념에 대해서 올바르게 인식하고 성장단계에 필요한 자금조달 수단의 하나로 투자유치에 도전하는 농식품기업들이 증가하였다. 벤처캐피탈시장에서도 이러한 기업들에 대한 인식이 바뀌고 있으며 관심도도 높아지고 있다. 농식품모태펀드는 정책펀드로서 단순히 정부의 정책자금을 기반으로 투자한다는 개념이 아닌, 정책자금이 마중물 역할을 수행하여 민간자금을 끌어와 규모화하고 이를 바탕으로 농식품경영체에 투자하여 성과를 창출하고자 함에 있다. 이렇게 창출된 성과는 자금회수로 이어지며 회수된 자금은 재출자재원으로 활용된다. 즉, 농식품벤처투자 생태계의 선순환 체계를 만들어 나아가는 것이다.

그렇다면 농식품모태펀드는 존립 목적에 맞게 농식품벤처투자

시장의 선순환을 견인하고 농식품경영체의 성장을 유인하고 있는 가? 본 연구는 이러한 질문에서 시작되었다. 암묵적으로 정부재원의 출자, 이를 통한 정책펀드의 조성 또 이를 통한 농식품기업에 대한 투자라는 인과관계는 상식적인 논리인 것으로 여겨졌다. 하지만 농식품모태펀드가 어느덧 결성 12년 차에 들어선 지금 이와 같은 기능을 충실히 수행하고 있는지, 시장에 어떠한 영향력과 의미를 주고 있는지에 대하여 되짚어 볼 필요성이 존재한다. 그렇기 때문에 벤처캐피탈에 투입되는 공적재원과 출자금이 실제로 농식품기업의 투자와 성장에 영향을 미치는지에 대하여 이론적으로 고찰하고자 한다.

연구의 목적

본 논문의 목적은 이러한 배경을 기반으로, 한국벤처캐피탈의 농식품기업 투자에 농식품모태펀드가 미치는 영향을 분석하는 것이다. 본 연구 과정에서는 벤처캐피탈시장에서 농업 분야가 다소 후순위에 놓여 있다는 점, 그로 인하여 별도의 통계로 관리되고 있지 않다는 점, 충분한 데이터를 확보하기 어렵다는 점, 벤처캐피탈 운용사의 관심도가 저조하다는 점, 정확히 동일한 목적을 주제로 연구된 선행연구가 없다는 점 등이 애로사항이라고 판단된다. 선행연구와 다르게 농식품 분야라는 구체적인 분야를 대상으로 한다는 점 또한 주목해야 할 것이다.

하지만 본 연구를 통해 농식품산업의 금융문화를 혁신적으로 전환하고 시장의 인식을 개선하며 이를 기반으로 농산업의 도약적 발전을 위한 디딤돌을 마련하고자 한다. 농식품벤처시장 혁신전환을 위한 벤처캐피탈의 역할과 농식품펀드의 방향성을 연구하고자 한다. 연구결과는 향후 농식품벤처투자시장의 활성화와 산업의 규모 있는 확대를 위한 정책 수립에 있어 실무적, 정책적, 학문적으로 모두 중요한 시사점을 제공할 것으로 기대한다. 이에 본 연구는 농식품기업의 성장과 벤처캐피탈의 관심도 증가에 정부출자재원과 이에 대한 시장의 인식확대가 얼마나 유의미한 영향을 미치는지에 대해 다음과 같은 질문을 제시하고 실증적 연구를 진행하였다.

첫째, 농식품펀드 출자금 확대에 대한 인식의 증가는 농식품 분야에 대한 벤처캐피탈의 관심도 증가에 영향을 미칠 것인가?

둘째, 농식품펀드 출자 규모 확대는 농식품기업의 성장에 영향을 미칠 것인가?

셋째, 특수한 목적으로 조성된 특수목적펀드의 확대는 농식품기업의 성장에 영향을 미칠 것인가?

넷째, 농식품펀드의 공적재원 출자금이 일정 규모 이상 증가하면 오히려 농식품기업 투자를 감소시키지는 않을까?

이상과 같은 연구 질문에 답하는 것이 본 연구의 목적과 범위라고 할 수 있다.

연구의 방법

본 연구는 연구목적을 달성하기 위해 다음과 같은 방법으로 연구를 하였다.

첫째, 국내외 관련 자료와 연구논문 등의 문헌 자료를 중심으로 연구를 시행하였고 이를 기반으로 벤처캐피탈이 초기 기업 투자에 미치는 영향, 문화산업 투자에 미치는 영향, 농업벤처의 역할 등에 관하여 연구한 선행연구 과제들을 집중적으로 분석하고 통합하여 주요 변수들을 도출하였다. 선행연구 과제의 결론과 분석방법을 연구함으로써 개념을 정립하였고, 주요 변수 간 관계들을 설정하였다.

둘째, 문헌 조사를 통해 얻은 고찰을 기반으로 주요 연구가설 구조를 설정하였다. 모형은 크게 두 가지로 구분하였는데, 이는 수집한 자료의 특성에 따라 구분된다. 먼저 벤처캐피탈이 정부출자재원 확대에 대해 가지는 기대감이 농식품 분야에 관한 관심으로 이어지는지에 대하여 설문자료를 기반으로 분석하였다. 또 벤처캐피탈의 투자유입에 정부의 재원이 미치는 영향, 전체적인 출자 규모의 확대가 미치는 영향, 특수목적펀드의 조성이 미치는 영향 등과의 상관관계 분석을 위해 투자관리전문기관인 농금원을 통해 입수한 통계자료를 기반으로 시행하였다. 이러한 연구모형에 근거하여 통계 방법론을 결정하게 된다.

　　마지막으로 사용한 통계 데이터에 대한 정의를 명확히 하였다. 먼저 농식품펀드를 결성하였거나 결성을 희망하는 벤처캐피탈을 대상으로 설문조사를 시행한다. 추가로 정량적으로 부족한 부분은 농금원을 통해 입수한 2010~2021년간 조성한 펀드의 통계 데이터를 기반으로 분석을 실시한다. 이와 같은 분석을 통해 설정된 가설을 검증하는 실증적 연구를 수행하였다.

연구의 구성

본 논문은 〈표1-1〉과 [그림1-1]의 흐름을 보면 확인할 수 있 듯 총 5개의 장으로 구성하였다. 1장에서는 논문의 연구주제를 선 정하게 된 배경을 시작으로, 그에 따라 연구를 통해 얻고자 하는 연 구목적, 추가로 연구의 구성과 추진방법에 관하여 기술하였다.

제2장은 총 4절로 나누어 소개하며 제1절에서는 한국 벤처캐 피탈시장의 현황과 투자재원, 투자동향 및 성과 분석을 통해 벤처 캐피탈의 환경에 관한 이론적 연구를 진행하여 산업 전반에 대한 이해도를 높이고자 한다. 제2절에서는 농식품산업 현황을 농산업 의 역사와 성장을 통해 먼저 알아본 후 국내 및 해외 농식품산업의 특수한 구조와 특성에 대하여 분석하고자 한다. 제3절에서는 농식 품모태펀드를 기반으로 한 농업금융 구조에 대한 분석과 농식품기 업 투자 현황에 대하여 분석을 시행한다. 마지막으로 제4절에서는 본 연구의 주요 가설 중 하나인 정부출자금(공적재원)과 농식품펀드

에 대하여 깊이 있게 이해하고자 하며, 제5절에서는 농식품벤처시장 인식 및 농식품기업 성장에 대하여 고찰하고자 한다. 마지막으로 이 같은 이론적 배경을 기반으로 도출한 선행연구 과제를 자세히 살펴보고 본 연구와의 차별점 등을 명확히 하여 연구의 목적과 적합성을 논한다.

제3장에서는 본 연구의 방법론을 소개한다. 연구모형 수립방법을 명료하게 제시하고 변수의 정의와 측정방법, 자료조사 및 수집방법을 설명한다. 제4장에서는 3장에서 설정한 방법론을 실제로 적용해보도록 한다. 먼저 표본의 특성을 살펴보고 데이터를 기반으로 기술통계 분석, 빈도분석 등을 우선하여 실시한다. 이후 타당성과 신뢰성을 검증하여 부적합한 가설 구조 등은 배제하도록 한다. 연구의 분석은 SPSS26 프로그램을 활용하여 실증분석하고자 하며, 표본의 수가 아직 많이 확보되지 않은 아쉬움이 존재하여 추가로 벤처캐피탈 현업 심사역을 대상으로 한 심층 인터뷰를 포함하여 의미 있는 결론을 도출하고자 한다. 마지막으로 제5장의 결론을 통해서 앞으로의 방향성 그리고 향후 필요한 과제에 대한 의견을 기술하였다.

〈표1-1〉 연구의 구성 목차

구분	구성
제1장 서론	제1절 연구의 배경
	제2절 연구의 목적
	제3절 연구의 방법
	제4절 연구의 구성
제2장 연구에 대한 이론적 배경	제1절 한국 벤처캐피탈에 대한 이론적 고찰 및 시장 분석 　1. 벤처캐피탈의 정의와 개념 　2. 벤처캐피탈의 현황 및 투자재원 분석 　3. 벤처캐피탈 투자동향 및 성과 분석
	제2절 농식품산업 현황 분석 　1. 농식품산업의 역사와 성장 　2. 국내 농식품산업의 구조 및 특성 　3. 해외 선진국의 농식품산업 현황 및 트렌드
	제3절 농식품 금융정책 및 농림수산식품기업 투자 현황 　1. 농식품 정책금융시장의 현황과 구조: 보조, 융자 중심 　2. 농식품모태펀드 도입 배경과 목적 　3. 농림수산식품기업 투자 현황
	제4절 정부출자금(공적재원)과 농식품펀드에 대한 고찰 　1. 정부출자금(공적재원) 출자 규모 고찰 　2. 농식품모태펀드 조성 규모 고찰 　3. 농식품모태펀드 특수목적펀드 조성 현황 고찰
	제5절 농식품벤처시장 인식 및 농식품기업 성장 고찰 　1. 벤처캐피탈의 농식품투자 관심도에 대한 고찰 　2. 농식품기업 성장에 대한 고찰
	제6절 선행연구 　1. 선행연구 분석 　2. 선행연구와의 차별점
제3장 연구모형 및 가설 설정	제1절 연구모형 설계 및 가설의 설정 　1. 연구모형 설계 　2. 연구가설 설정
	제2절 변수의 정의 및 측정방법 　1. 변수의 정의 　2. 변수의 측정

구분	구성
제3장 연구모형 및 가설 설정	제3절 조사방법 1. 설문자료 수집 및 구성 2. 설문자료 분석방법 3. 통계자료 수집 및 구성 4. 통계자료 분석방법
제4장 실증분석	제1절 표본의 특성 1. 설문자료 표본의 특성 분석 2. 통계자료 표본의 특성 분석
	제2절 타당성 및 신뢰성 검증 1. 타당성 검증 2. 신뢰성 검증
	제3절 연구가설의 검증 1. 연구모형 모델1 연구가설 검증 2. 연구모형 모델2 연구가설 검증 3. 연구가설 심층 분석 4. 분석결과 정리
제5장 결론	제1절 연구결과의 요약
	제2절 연구의 시사점 1. 정책적 관점 2. 실무적 관점 3. 학문적 관점
	제3절 연구 한계점 및 향후 과제
참고문헌	
설문조사 양식	

스타트업을 키우는 농림수산식품 모태펀드

[그림1-1] 연구의 흐름

연구에 대한

이론적 배경

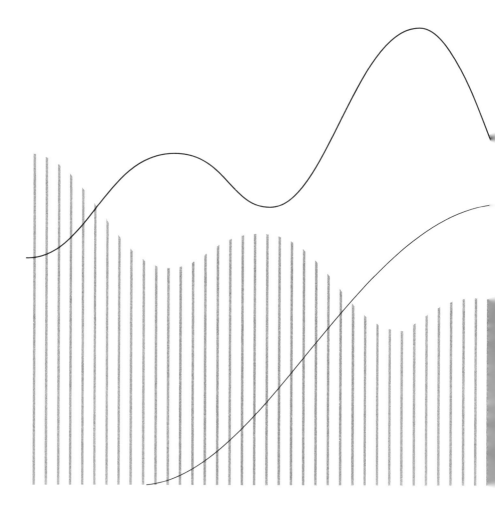

제1절

한국 벤처캐피탈에 대한
이론적 고찰 및 시장 분석

1. 벤처캐피탈의 정의와 개념

벤처캐피탈(Venture Capital)은 경쟁력 있는 벤처기업을 발굴해 투자하는 사업을 하는 사모펀드사를 말한다. Kenny(2000)에 따르면 Venture Capital이라는 용어는 1939년 미국 투자은행협회 회장으로 선임된 Jean Witter가 취임연설문에서 처음 사용하였다고 한다. 벤처캐피탈은 상장기업의 지분이나 채권에 투자하는 것이 아니며 불특정 다수를 대상으로 투자금을 모집하는 공모펀드의 성격이 아니어서 사모투자의 형태에 해당한다. 다만, 일반적으로 금융시장에서 이야기하는 사모투자회사

(일명 PE 하우스)와는 구분되는 성격을 가지고 있다. 고도의 기술력과 장래성은 있지만 경영 기반이 약해 일반 금융기관으로부터 융자를 받기 어려운 벤처기업에 투자하는 것으로, 벤처기업의 장래성과 수익성에 주목하는 모험자본의 성격을 가진다. 본 연구에서 벤처캐피탈의 정의는 이종훈(2018) 연구에서 정의한 바와 같이 벤처투자에 활용되는 자본 및 이를 운용하는 기업(벤처캐피탈社) 또는 벤처캐피탈사에 속하면서 벤처투자 자본을 투자에 운용하는 투자심사역(벤처캐피탈리스트)까지 폭넓게 의미하는 용어로 사용하고 있다.

박정서(2008)에 따르면 벤처기업은 아이디어를 실험하는 태동 단계에서 자기자본을 통해 재원확보가 유지되는 편이나 창업 후 기업이 성장하는 단계에서는 증가하는 자금 수요 대비 부족한 담보력, 신용 등으로 인해 자금차입이 어렵다. [그림2-1]에서 보는 것과 같이 바로 이 시기에 필요한 것이 벤처캐피탈의 자본력으로, 벤처기업들이 당면하는 자금이동의 불균형을 해결해 주는 역할을 수행한다. 벤처캐피탈은 상대적으로 새로운 형태의 금융산업으로 미국의 경우 1940년대부터 시작하여 창의적 기술력과 풍부한 자금원으로 벤처기업이 성공할 수 있는 배경이 되었던 반면, 그 외 국가들의 경우 비교적 최근에 들어서야 벤처캐피탈 산업을 제대로 구축해가고 있다. 영국은 미국의 경험을 토대로 1980년대부터, 그 외 유럽 국가들은 1990년대부터 모험자본산업의 육성이 시작되었다고 볼 수 있으며 각기 시작 시기가 다르고 명확히 규정화된 개념이 존재하는 것이 아니라 국가별 형태나 특징의 차이가 있을 수 있다.

[그림2-1] 스타트업 기업 성장 관계도

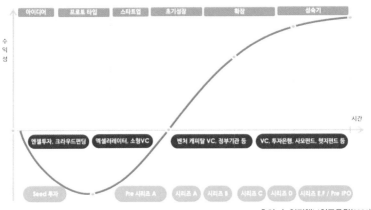

※ 출처: 농업정책보험금융원(2021)

　벤처캐피탈은 스타트업들에게 자금을 공급할 뿐 아니라 성장을 위한 네트워크 지원, 각종 지원사업 연계, 법률·회계·기술 전문가 연계 등의 다양한 지원도 병행한다. '육성'의 기능을 내포하고 있는 창업기획자(액셀러레이터)와는 구분되지만 투자기업과 파트너 관계로서 함께 성장하고 성장을 독려하여 가치를 증가시키고자 노력한다. 이러한 벤처캐피탈의 투자는 기업의 성장단계에 따라서 투자 라운드를 달리한다. 투자는 시장에서 일명 'Pre A, B, C' 단계, '시리즈 A, B, C' 단계로 불리는데 이는 아직까지 시장에서 명확히 정의되어 있지는 않으나 통상적으로 <표2-1>과 같이 구분하여 볼 수 있다. 다만, 산업별 특성에 따라서 투자 규모와 라운드의 정의가 천차만별로 나타나며 본 표는 농식품산업을 한정으로 하여 농업정책보험금융원에서 분석한 자료를 기반으로 한다.

〈표2-1〉 성장단계별 투자 라운드 및 규모

단계	투자 라운드	투자 규모	정의 및 특징	투자자 유형
초기	시드 (Seed) 투자	수천만 ~ 수억 원	– 기업의 역량과 비즈니스모델의 가능성을 기반으로 판단 – 창업 전 혹은 창업 직후 제품과 서비스 개발을 위한 인건비, 개발비 등 초기자금확보가 목표	엔젤투자자 (개인/전문/클럽) 크라우드펀딩
			– (자금사용) 초기 시장조사, 연구개발, 시제품생산 등으로 활용	
	Pre시리즈 A (또는) 브릿지 투자	5억 ~ 10억 원	– 기업역량과 가능성을 기반으로 판단하지만 비즈니스 모델의 기초적 검증을 위한 지표 등이 요구됨 – 의사결정 및 절차도 비교적 간소화되어 있고 빠른 편	창업기획자 (엑셀러레이터) 기술지주회사
			– (자금사용) 프로토타입 등을 통해 제품의 시장적합도 판단 등	
중기	시리즈 A	10억 ~ 30억 원	– 비즈니스 모델이 시장에 검증되어 일정 수준의 서비스나 수익모델 지표를 보여주며, 본격적인 성장을 앞둔 스타트업 대상	벤처캐피탈 VC
			– (자금사용) 제품개발, 서비스확대, 사업모델(판매/매출) 검증	
	시리즈 B	30억 ~ 100억 원	– 투자의사결정 과정에 수익성 및 회수가능성에 대한 지표가 더욱 고려되며 전반적인 의사결정 절차가 확대	벤처캐피탈 VC
			– (자금사용) 연구개발자금 확보, 마케팅 및 영업확대, 시장접근성 증대, 인력증원 등 사업확장	
후기	시리즈 C	100억 원 이상	– 본격적인 성장궤도에 진입하여 추후 상장 및 M&A가 가능한 기업을 대상으로 투자 – 손익분기점을 넘었거나 향후 흑자전환이 용이하고 그렇지 않다면 잠재적 미래가치가 매우 큰 기업을 대상으로 함	벤처캐피탈 헷지펀드, 사모펀드, 투자은행 등
	시리즈 D,E,F /Pre IPO	수백억 ~ 1,000억 원 이상	– (자금사용) 해외진출 본격화 등 시장확대, 스케일업 가속화	

※ 출처: 농업정책보험금융원(2021)

2. 벤처캐피탈의 현황 및 투자재원 분석

2.1. 국내 벤처캐피탈시장 현황: 태동부터 현재까지

국내 벤처캐피탈시장의 역사는 1980년대까지 거슬러 올라간다. 본 논문에서 설명하는 벤처캐피탈의 역사의 경우 한국벤처캐피탈협회 30년사의 정리된 자료를 인용하였다. 한국벤처캐피탈 30년사에 근거하면 통상적으로 한국기술진흥(1974~), 한국기술개발(1981~), 한국개발투자(1982~), 한국기술금융(1984~)으로부터 출발하였다고 보아도 무관하다. 오늘날 벤처투자의 선구자로 꼽을 수는 있으나 정부를 중심으로 신기술 사업화를 위한 투자 담보 중심의 융자 등이 주요 업무였다. 정책적으로는 1986년 「중소기업창업지원법」이 제정되면서 중소기업의 창업과 육성을 전담하는 중소기업창업투자회사가 설립되었다. 같은 해 「신기술사업금융지원에관한법률」 또한 제정되어 신기술금융회사 인가 조항 등이 생겨났다. 초기 벤처기업들의 사명은 일명 '국산화'로 수입산 제품을 국내의 기술력을 바탕으로 국산화하는 기업들에 투자하여 국내 유망기업들을 만들어내는 것이 목표였다.

최초 벤처캐피탈은 주로 정부에 의해 설립되어 공공적인 성격이 강하였다면 1990년대 들어서부터는 1세대 민간 벤처캐피탈이 등장하기 시작한다. 정부의 중소 벤처기업 지원 정책이 가시화되면서 벤처창업 환경이 유리해진 것이 민간의 관심을 유도한 것으로 볼 수 있다. 1995년부터는 코스닥 설립 논의도 본격화되어 '기술중심 자본시장의 필요성'에 민관이 모두 공감하였고 1996년 코스닥 시장이 출범하였다. '한글과 컴퓨터', '휴맥스', '안랩' 등이 이때 등장한 1세대 벤처회사라고 볼 수 있으며 일신창업투자, 아남창업투자, 신진창업투자, 신풍창업투자, 두산창업투자 등의 민간 벤처캐피탈이 산업을 이끌었다. 〈표2-2〉와 같이 이 같은 신규 창업투자회사는 1990년부터 본격적으로 수가 증가하며 산업의 형성이 시작되었다고 볼 수 있다.

〈표2-2〉 1987년~1990년 신규 창투자 설립 수

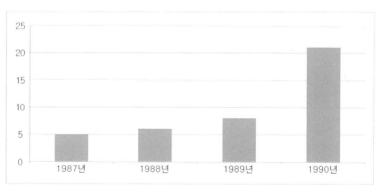

※ 출처: 한국벤처캐피탈협회 30년사(백서, 2020년 3월 발간)

벤처는 1997년 외환위기(IMF)를 계기로 사회적으로 큰 관심을 받게 된다. 대기업들의 연쇄 도산을 극복하기 위해 정부는 벤처를

경제 회복의 돌파구로 삼고자 하였다. 벤처기업을 통해 고부가가치 제품을 만들어 산업을 육성하고 경제를 회복하고자 하였다. 한국벤처캐피탈협회 또한 이 시기에 이름을 바꾸고 본격적으로 전문 벤처캐피탈리스트를 양성하는 전문교육을 구성하며 생태계를 확대할 기반을 닦았다. 산학계와 학생들 사이에도 벤처창업 열풍이 불면서 서울대, 포항공대, KAIST 등 유수의 대학에서 창업 열기가 뜨거웠다. 이와 같은 기조에서「벤처기업육성에관한특별조치법」또한 1997년 탄생하였다. 대우그룹, LG, 현대 등과 같은 대기업들이 본격적으로 벤처캐피탈시장에 참여한 것도 이 시기이다.

그러나 1990년대 후반 벤처 붐은 신규산업 초기 출연 시 나타나는 투자 과열 현상을 겪게 되었고 벤처캐피탈시장에 대한 정부의 참여가 위축되면서 민간시장의 충격으로 이어졌다. [그림2-2]와 같이 펀드 조성이 힘들어지고 일부 벤처캐피탈의 도덕적 해이가 발생하기 시작하여 벤처캐피탈시장에 출자하려는 기관투자자들 또한 줄었다. 이는 벤처기업의 위축, 나아가 벤처캐피탈시장의 전체적인 위축으로 이어졌다. 시장이 얼어붙으면서 2000년 2조 원 규모로 1,910개 기업에 투자되던 투자액이 2004년 6,044억 544개 기업으로 투자금 기준 약 70% 하락하는 등 시장의 위기가 찾아왔다.

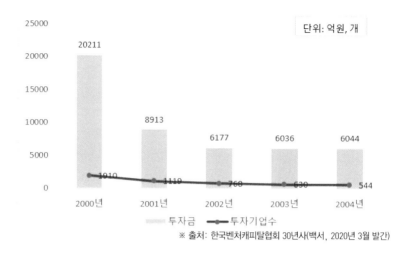

[그림2-2] 2000~2004년 연도별 총 벤처투자금액 및 투자기업 수

단위: 억원, 개

※ 출처: 한국벤처캐피탈협회 30년사(백서, 2020년 3월 발간)

드디어 이 시기에 위기를 극복하고 수익성은 낮지만 뛰어난 기술력을 가진 기업들의 성장을 지원하고 투자의 순기능을 작동시키기 위해 '모태펀드'가 등장하였다. 정부를 주축으로 하되 민간의 참여를 최대한 이끌어내는 마중물 역할을 모티브로 하는 모태펀드는 제2의 벤처 붐을 견인하기 위한 새로운 출발선에 선다. 2005년에 도입된 기술특례상장제도는 수익성이 다소 떨어져도 기술력이 뛰어난 기업들의 숨통을 틔워주며 바이오기업이 큰 수혜를 입게 되었다. 2005년에는 정책펀드인 한국모태펀드 또한 탄생하였다. 1990년대 말에는 정부가 주도적으로 펼치는 지원 방식이었다면, 한국모태펀드는 정부가 시작하되 민간 스스로 벤처 생태계를 구성하고 성장해 나아갈 수 있도록 하는 데 초점을 맞추었다. 정부는 앵커 출자자로서 시장에 벤처자금을 유입시키고 유망한 벤처캐피탈사를 선정하여 자율적으로 시장이 확대되고 커갈 수 있도록 유인하였다. 운용 기간은 30년(2005~2035년)으로 한국모태펀드의 투자관리전문기관은 한국벤처투자로 지정되었으며, 정책펀드로서는 가장 큰 기관으로 자리잡았다.

이 같은 노력 끝에 2000년부터 시작된 벤처버블 붕괴 위기를 딛고 2009년부터 제2의 벤처 붐이 일어난다. 2008년 글로벌 금융위기 이후 신성장산업에 대한 본격적인 투자가 이루어졌고, 2009년 '신성장동력 비전과 전략'을 발표했다. 또 「자본시장과금융투자업에관한법률(자본시장통합법)」이 2007년 국회를 통과, 2009년 시행되면서 국내 금융시장은 하나로 통합된다. 「자본시장통합법」은 금융업종 간 칸막이를 허물었고 금융사의 대형화가 시작되었다. 다만, 벤처캐피탈은 국내에서는 모험자본이라는 자금의 특성과 정부 및 공공기관의 출자가 기반이 된다는 특성으로 인해 포함되지는 못하였다. 하지만 대형화된 금융사들은 사업영역을 더욱 확대하기 위해 벤처펀드에 주요 출자기관으로 자리하게 되었다. 또 2009년 출범한 한국정책금융공사, 민간주도형 기술창업지원 프로그램으로 2013년 도입된 TIPS, 2013년 초기기업에 특화되어 개설된 코넥스시장 등 다양한 정책과 변화가 이루어졌다. 이 시기에 등장한 대표적인 벤처기업이 바로 '카카오', '배달의 민족' 등이다.

2015년에 들어서면서 본격적으로 벤처 생태계의 호황기를 맞이하고 있다. 대규모 정책자금이 꾸준히 출자되면서 벤처펀드 육성에 원동력을 제공했고, 4차 산업혁명, ICT/정보통신, AI, Data Cloud, 바이오, 의료 등 신산업 분야에 대한 시장의 관심도와 성장 속도도 높아졌다. 또 연도별 회수금액 또한 꾸준히 증가하여 회수금이 다시 재출자되는 선순환 투자 생태계가 자리 잡았으며 세컨더리펀드, LP지분 유동화펀드 등 다양한 형태의 펀드들 또한 확대되었다. 이때 시장을 주도한 주요 벤처캐피탈은 한국투자파트너스(65개 기업, 1,551억 원 투자), 에이티넘인베스트먼트(27개 기업, 960억 원 투자), 프리미어파트너스(7개 기업, 807억 원 투자) 등이 있다. 뿐만 아니라 「벤처기업육성에 관한 특별조치법 시행령」이 개정됨에 따라 엔젤투자자 요건이 완화되고 유한회사형(LLC) 벤처캐피탈 설립의 진입 장벽도 낮아졌다.

이와 같은 성장과 붐은 이제 일시적인 유행이 아니라 시장에 명확히 자리 잡고 있으며 순기능을 하고 있다. 이와 같이 자리 잡은 생태계를 지속적으로 육성하고 아쉬운 부분을 보완하여 규모를 키우기 위해서는 규제 효율화를 비롯한 중간 회수시장 활성화, 정보 불균형 해소 등의 과제가 남아 있다. 특히 해외에서는 VC와 PE사의 별도의 경계가 없으며 따로 구분하지 않는데, 국내의 경우 도입부터 자리 잡는 과정까지의 흐름에 있어서 별도의 법과 규제하에 구분하고 있다. 그렇지만 벤처캐피탈의 대형화와 도약을 위해서는 이러한 구분보다는 두 가지 모두를 품고 대형화하는 노력 또한 필요하다.

벤처투자를 통해 육성된 국내 유니콘, 예비 유니콘기업들은 신사업영역을 주도하며 나아가 일자리 창출을 통해 산업을 육성하고 있다. 중소벤처기업부가 주도해서 2018년 피투자기업의 고용창출 효과를 분석한 결과, 총 1,072개사가 41,199명을 고용 중이며 2017년 대비 6,706명을 신규 고용하여 20%의 증가율을 보였다. 이 같은 선순환 효과를 가져오는 일명 스타기업들을 집중적으로 육성하기 위해 정부 또한 'Future Unicorn 50' 프로그램, '예비 유니콘 특례보증' 제도 등을 지속적으로 검토하며 도입하고 있다. 유망한 벤처기업들을 육성하며 발굴하고, 이를 키우고 투자할 벤처캐피탈사들을 발굴하며, 피투자기업들의 스케일업과 글로벌 진출을 지원하고, 스타트업 친화적 인프라를 구축하기 위해 규제 샌드박스를 적극 활용하는 등의 다양한 노력을 기반으로 벤처강국으로 도약하기 위해 힘쓰고 있다.

더욱이 2020년에는 기존에 이원화되어 있던 「중소기업창업지원법」과 「벤처기업 육성에 관한 특별조치법」이 하나로 합쳐져 「벤처투자촉진법」이 새롭게 제정되었다. 비슷한 기능을 하는 서로 다른 법이 상충하며 비효율성을 야기하고 벤처캐피탈의 경쟁력을 약화시킨다는 시장의 의견을 수렴한 결과로, 이를 통해 더 유연하게 시장을 성장시킬 수 있게 되었다. 더불어 유독 국내에서 비율이 낮은 회수방법인 M&A시장을 활성화하며 선순환 구조를 더욱 견고히 하도록 노력하고 있다.

본 연구논문에서는 이러한 벤처캐피탈시장의 중심 역할을 하고 있는 한국벤처투자의 한국모태펀드와 중소기업창업투자회사전자공시(DIVA) 그리고 농식품 분야 전용 정책펀드인 농림수산식품모태펀드를 주된 분석과 연구의 대상으로 삼아 정책펀드의 시장육성 효과와 그 당위성에 대해 검증하고 향후 나아가야 할 방향에 대해서 살펴볼 예정이다.

2.2. 국내 벤처캐피탈 투자재원 구성 현황

국내 벤처캐피탈의 총 투자재원은 창업투자회사의 회사 계정과 벤처투자조합 계정으로 구성되며 한국벤처캐피탈협회 보고자료를 기반으로 산정한 결과 창업투자회사의 회사 계정은 총자산으로, 조합 계정은 출자약정금을 기준으로 총투자재원을 선정하였다. 2021년 총 투자재원은 〈표2-3〉과 같이 45조 710억 원으로 전년 대비 29.8% 증가하였다. 그중 창업투자회사의 본계정은 3조 8,626억 원, 조합 계정은 41조 2,084억 원으로 본계정 투자는 전체의 9% 정도 수준이다. 최근 5년간 신규조합 결성금액이 지속적으로 증가하고 있고, 회사재원도 2012년부터 2021년까지 총 252.6%, 조합재원은 354.8% 증가하였다. 2003년을 기점으로 재원운영 구성에서 조합재원이 차지하는 비중이 대부분이다.

〈표2-3〉 국내 벤처캐피탈 연도별 재원운영 현황

(단위: 억 원, %)

구분		2012	2017	2018	2019	2020	2021
회사 재원	금액	20,955	11,355	9,152	10,948	14,901	38,626
	비중	10.8	5.3	3.7	3.9	4.3	8.6
조합 재원	금액	90,617	203,614	240,786	273,351	332,224	412,084
	비중	89.2	94.7	96.3	96.1	95.7	91.4
합계		101,572	214,969	249,938	284,299	347,125	450,710

※ 출처: 한국벤처캐피탈협회 2022YEAR BOOK(2022 발간)

이처럼 한국 벤처캐피탈은 조합재원을 중심으로 구성되어 있으며 이러한 조합은 상당수 공적재원을 운용하는 정책기관들이 주된 출자자로 참여하고 있다. 이러한 공적재원의 구성은 출자기관이자 특별조합원(SP) 지위를 가진 한국모태펀드뿐 아니라 연기금, 공제회, 국책은행(산업은행, IBK기업은행)등으로 되어 있다. [그림2-3]을 보면 2021년 말 기준 누적 출자자 구성을 확인할 수 있는데 전체 40.2%가 정책기관이며, 공적자금의 성격을 가진 연기금 12.3%까지 합치면 52.5%가 정부재원으로 구성되어 있다고 볼 수 있다. 아직 상당 부분 정부재원에 의존하는 상황이며 일반법인, 금융기관의 관심도 또한 높아지고 있으나 아직까지 미약한 수준이다. 이를 통해 한국벤처캐피탈 산업에서 공적재원이 미치는 영향과 구성 형태를 파악할 수 있다.

[그림2-3] 모태펀드 출자펀드 출자자 구성 현황(2021년 말 누적, KVIC)

모태 출자펀드 출자자 구성 현황(누적)

(단위: %)

일반 법인
11.7%

기타 단체
4.1%

GP
10.8%

개인
1.1%

연기금
12.3%

외국인
2.8%

금융기관
17.0%

누적 구성 비율

정책기관
40.2%

- 결성액도 기준

(단위: 억 원)

구분	정책기관	금융기관	연기금	GP	일반 법인	기타 단체	개인	외국인	합계
21.12	18,851	8,081	3,725	4,142	6,725	1,056	728	63	43,372
누적	132,339	56,087	40,438	35,558	38,615	13,636	3,579	9,100	329,353

※ 출처: 한국벤처투자 홈페이지(2021년 12월 말 기준)

3. 벤처캐피탈 투자동향 및 성과 분석

정부의 주요 모태펀드인 한국모태펀드는 2005년 처음 결성되어 16년 후인 2021년 말 기준 누적 규모 32조 9,353억 원이 결성되었으며 1,015개의 펀드를 결성하였다. 순수 정부출자재원은 이 중 7조 2,775억 원으로 민간자금을 견인하는 투자 승수효과는 약 4.5배이다. 일반적으로 벤처캐피탈의 투자 규모는 펀드 조성 규모에 정비례하기 때문에 투자 규모 또한 지속적으로 증가해 왔다. 중소

벤처기업부에서 2021년 9월 발표한 보도자료에 따르면 최근 5년간 8월 말 누적 벤처투자실적은 〈표2-4〉와 같다. 2021년 8월 말 기준 전체 투자실적은 4조 6,158억 원으로 전년 동기 대비 무려 2조 1,312억 원이 증가하여 85.8%의 증감률을 보였다. 투자 건은 3,395건, 피투자기업은 1,588개로 전년 대비 각각 45%, 30% 증가하였다. 최근 5년의 누적 투자금액을 합치면 13조 6,337억 원이며 11,712건, 5,697개의 벤처기업에 투자하였다.

〈표2-4〉 2017~2021년 8월 연간 벤처투자 현황

(단위: 억 원, %, 건, 개)

구분			2017년	2018년	2019년	2020년	2021년
1~8월	투자금액		15,058	22,268	28,007	24,846	46,158
	전년대비	증감	–	+7,210	+5,739	△3,161	+21,312
		증감률	–	+47.9	+25.8	△11.3	+85.8
	투자건수		1,505	2,022	2,445	2,345	3,395
	건당 투자		10.0	11.0	11.5	10.6	13.6
	피투자기업 수		834	937	1,112	1,226	1,588
	기업당 투자		18.1	23.8	25.2	20.3	29.1

※ 출처: 중소벤처기업부 보도자료(2021)

매년 증가하는 투자금이 어떤 산업군의 벤처기업에 유입되는 것인지 살펴보면, 주로 ICT서비스, 유통/서비스, 바이오/의료 분야가 상위권을 차지하는 것을 알 수 있다. 〈표2-5〉와 같이 2021년 8월 말 기준 투자금액을 전년 동기와 비교하여 증감률을 살펴보면

유통/서비스 분야가 118.6%로 가장 큰 비율로 증가하였고 그 뒤를 ICT서비스가 잇고 있다. 금액적으로는 6,598억 원으로 ICT서비스가 가장 크게 증가하였다. 최근 투자 트렌드가 4차 산업혁명을 기반으로 한 ICT에 집중되어 있다는 것을 알 수 있는 결과이다. ICT 서비스는 로보어드바이저 기반 투자일임업, 클라우드 기반 AI서비스, 산업용 AR서비스, OTT서비스, 모듈형 컨테이너 스마트팜 등이 포함되어 있다. 다만, [그림2-4]를 통해 알 수 있듯이 산업별 통계치가 추출되는 것에 '농업'과 '수산업'은 별도로 존재하지 않으며, 특정 산업이 융합되어 있는 경우 다른 카테고리 속에 녹아들어 있거나 '기타'로 구분되어 있다는 것을 알 수 있다.

〈표2-5〉 업종별 2020년, 2021년 1~8월 벤처투자 비교

(단위: 억 원, %)

업종	2020.8 누적	2021.8 누적	증가	증가율
ICT서비스	6,482	13,080	+6,598	+101.8
유통 · 서비스	4,399	9,618	+5,219	+118.6
바이오 · 의료	6,639	10,935	+4,296	+64.7
전기 · 기계 · 장비	1,742	3,443	+1,701	+97.6
ICT제조	1,052	2,065	+1,013	+96.3
영상 · 공연 · 음반	1,429	2,241	+812	+56.8
기타	1,455	2,108	+653	+44.9
게임	629	1,269	+640	+101.7
화학 · 소재	1,019	1,399	+380	+37.3

※ 출처: 중소벤처기업부 보도자료(2021)

[그림2-4] 2021년 모태펀드 업종별 투자 비중 현황(투자금액, 기업 수)

번호	구분	비중(업체)
1	ICT 서비스	25.0
2	바이오/의료	23.8
3	유통/서비스	15.7
4	전기/기계/장비	9.2
5	기타	8.3
6	영상/공연/음반	6.2
7	ICT 제조	4.3
8	게임	3.8
9	화학/소재	3.7

번호	구분	비중(업체)
1	ICT 서비스	29.2
2	유통/서비스	18.1
3	바이오/의료	17.1
4	영상/공연/음반	8.7
5	전기/기계/장비	8.2
6	기타	7.8
7	ICT 제조	4.0
8	게임	3.5
9	화학/소재	3.3

※ 출처: 한국벤처투자 홈페이지(2021년 12월 말 기준)

스타트업을 키우는 농림수산식품 모태펀드

농식품산업 현황 분석

1. 농식품산업의 역사와 성장

역사를 거슬러 올라가 보면 전 세계적으로 모두 공통점을 가지는 중요한 근간이 있다. 그것은 바로 '농업(농축산업)'이다. 식품업 또한 결국엔 '농축산업'을 기반으로 발전했다고 볼 수 있다. 본 연구의 주제인 한국벤처캐피탈의 농식품기업 투자에 농식품모태펀드가 주는 영향에 대한 분석이 필요한 그 근원적인 원인은 농식품산업을 발전시키고 확대시켜야 한다는 이유에 존재한다고 위 목적에 언급하였다. 그렇다면 왜 농식품산업을 발전시켜야 하는가? 이러한 의문점은 농식품산업의 역사, 구조, 특징을 살펴봄으로써 이해도를 높일 수 있다.

농촌진흥청 허승오 박사의 『한농업성장사』(2012)에 따르면 한국가의 농업 발전은 2차, 3차 산업으로 그 노동력을 이전시켜 결국에는 국가 전체의 경제발전과 인력공급에 기여한다고 말했다. 경제학의 아버지 '아담 스미스' 또한 『국부론』에서 농업의 역할과 기여를 인정하였다. 자본은 농업·제조·유통업에 사용되는데, 농업이 국가의 고용과 생산에 가장 크게 기여한다고 기술하였다. 동시에 이익을 내는 데 농업이 가장 낮다는 점도 역설하였다. 이와 같은 농식품산업의 흐름에서 시기별로 주요한 키워드를 구분하고, 또 사회적 요인별(경제요인, 인구요인, 사회문화요인, 기후요인)로 구분하여 살펴보고자 한다.

시기별로 구분지어 살펴보면 1970~1980년대의 농업은 주로 '생산성'에 초점을 맞추었다고 볼 수 있다. Maslow의 5단계 모형에 근거한 소비지출단계를 기준으로 보자면 이 시기는 당장의 먹거리 해결이 중요했던 단계로 정책의 방향성 또한 식량증산 등이 목적이었다. 또 급격히 진행되는 도시화, 수도권 집중화에 비하여 생산물을 '유통'하여 식탁까지 올려놓기 위한 인프라도 부족했던 시기였던 것도 주요한 특징이다. 1990~2000년대는 품질, 식품 다양화, 유통, 고급화에 초점이 맞추어진 시기이다. Maslow 모형으로는 2~3단계에 해당하며, 식품의 품질과 다양성에 관심을 두는 시기이다. 높아진 소비자들의 니즈를 충족하기 위해 품질을 향상하고, 소비자들까지 가는 유통에 대한 혁신이 필요했으며, 내수뿐 아니라 수출을 장려하는 시기였다. 2010~2022년 현재는 기술, 산업간 연계, 융합 등에 더욱 초점을 맞추고 있다. Maslow 모형으로는 4~5단계에 해당하며 개인적 소비에서 벗어나 이타적 소비에 관심을 가지고 있으며, 고도화된 발전 등을 꾀한다. 청년농, 창업농을 육성하려는 움직임과 국가 차원의 첨단 연관기술을 융합하려고 한 애그테크(AgTech)인 스마트팜, 정밀농업, 인도어팜, 데이터농업 등의 급격한 등장이 이 같은 변화를 말해준다.

사회적 요인 관점에서 살펴보면 먼저 경제적 요인으로는 GDP, GNI의 증가를 말할 수 있다. 과거 국내총생산 및 국민총소득 최하위 국가에서 선진국 수준의 경제 수준을 지닌 국가로의 변화는 식품구매력과 국민 식품시장 자체를 크게 증가시켰다. 더 다양하고 고급스러운 식품을 소비하게 되었으며 소비자들의 욕구도 증가하였다. 이와 같은 소비자의 소비력 성장에 따라 식료품 지출액은 1980년대 대비 약 2배 이상 증가하였고 외식비 지출액은 1980년대 대비 20배 이상 증가하는 등 산업의 성장이 상승곡선을 이루고 있는 것을 알 수 있다. 또 소비 품목의 변화도 주목할 만한데 1990년대부터는 7대 곡물, 6대 과일의 소비가 감소하고 육류, 수입 과일의 소비는 증가하는 추세에 있다.

다음으로 인구적 요인의 변화는 출산율 저하로 인한 인구 감소, 농업인구에서 더욱 두드러지는 고령화 및 1인 가구의 증가로 요약될 수 있다. 이러한 변화는 농업자동화, 디지털농업, 농기계의 발전 등으로 변화를 불러오는 흐름으로 이어졌으나 인구 감소 수준이 너무 높아 농촌소멸 등의 문제도 대두되고 있다. 사회문화 요인은 타 산업과의 연계, 글로벌화로 요약할 수 있다. 1980년대를 기점으로 식량의 자유시장화가 시작되면서 1990년대는 WTO 출범을 통해 국내 농식품의 글로벌화가 시작되었다. 물론 그 반대로 수입농산물의 유입도 함께 이루어졌으며 경쟁이 심화되기도 하였다. 그럼에도 불구하고 뛰어난 국내 품목의 경쟁력을 가지고 다소 변동폭을 보이고는 있지만 수출입 규모는 꾸준히 증가하는 추세이다. 최근에는 IT, 바이오, 엔터테인먼트 등 타 산업과의 연계가 활발히 이루어지고 있고 단순히 먹는 것에 그치지 않고 생활 소비, 지속 가능한 상생 농업, 도시농업 등으로 확대되고 있다.

기후적 요인 또한 매우 중요하다. 기후는 모든 산업과 관련이 있긴 하지만 특히나 농식품산업과의 연관성이 매우 크다. 원료 생산부터 잔반 처리에 이르기까지 농식품산업을 널리 정의한다면 전체 온실가스 중 많은 부분이 여기서 발생한다. 특히 소비자들의 선호가 높은 축산업(육고기, 닭고기 등)의 축산분뇨, 폐수처리 등의 문제는 심각한 오염과 메탄가스 배출 문제를 야기하고 있다. 단순히 축산업 한 분야에 대한 문제가 아니라 모든 생태계와 먹이사슬 구조가 연계되어 있는 만큼 전 식품산업 생태계로 이어지는 문제이기도 하다. 과거에는 이와 같은 환경문제에 관한 관심이 저조했던 반면 최근에는 지속 가능한 경영을 화두로 하는 ESG 문제에 대한 관심이 커지고 있어 농식품산업의 환경 문제 종사자를 비롯한 소비자들의 관심과 노력도 차츰 나타나고 있다.

시대	주요 기술 키워드
1960~ 1980년대	통일벼, 일대잡종 배추 품종 육성, 농업기계화 도입, 식량증진을 위한 농지 개량 기술개발, 양잠 국내 근대화, 교잡종 옥수수, 비닐하우스 도입, 벼 기계 이앙, 쇠고기 품질 고급화, 과실 품질향상
1990년대	병해충 종합관리 사업, 다수확 과수재배 시스템, 한국형 씨돼지, 농가보급형 비닐하우스, 다양한 버섯 신품종 개발, 과수 신품종 육성, 무병 씨감자 생산 기술, FTA 대응 화훼 신품종 개발, 한국형 순환식 수경재배 기술, 공정육묘기 술, 비파괴 품질 판정기술
2000년대	국가 농경지 관리체계 '흙토람' 구축, 국산 딸기품종 개발, 사료작물 품질 육 성, 화훼품종 국산화, 신토불이 한우복제기술, 한국형 가축사양 표준재정, 저탄소 시설원예 난방기술, 농업인대학, 전통주 개발, 여성 농업인 CEO 육성
2010년대	해외농업기술개발센터(KOPIA) 설립 및 육성, 형질전환 복제돼지 생산기술, 배추 유전체 해독, 식물바이러스 연구, 가축분뇨 에너지 자원화, 난치병 신약 개발, 수입쌀 개방화 대응전략, 벼 부산물 이용 생분해성 비닐개발, 도시농업 기반기술, 탄소저감기술

※ 출처: 농촌진흥청(2012), 한국농업성장사

2. 국내 농식품산업의 구조 및 특성

2.1. 국내 농식품산업의 구조

현재 농어촌 지역은 저출산·고령화, 디지털 경제, 코로나19, 탄소중립 등 대내외 변화에 대응하여 전환점을 맞이하는 시점에와 있다. 전통적인 농업은 일정 주기의 시간이 소요되고 다소 폐쇄적이며 기업화되기에 쉽지 않은 사회적 구조를 가지고 있다. 또 [그림2-5]와 같이 농가 수와 농가인구는 매년 지속적으로 감소하고 있어 농촌소멸 문제가 대두되고 있다. 해당 산업에 종사하는 인구가 사라지는 것은 상당히 심각한 문제이며 지속 가능한 미래농업 육성을 위해서는 보다 심각성을 가지고 살펴야 하는 문제이다. 그렇기 때문에 이 같은 상황 속에서 살아남기 위해 농촌 삶의 질을 극복하고 농정 패러다임을 혁신적으로 변화시킬 필요가 존재한다. 본 연구에서는 농림수산식품모태펀드를 중심으로 논의가 이루어지기 때문에 농림수산식품 기업을 포함한 산업 전반을 살펴보고자 하며, 산업 분석의 질을 높이기 위해 농업과 식품업을 중심으로 기술하고자 한다.

[그림2-5] 농가 수 및 농가인구 추이

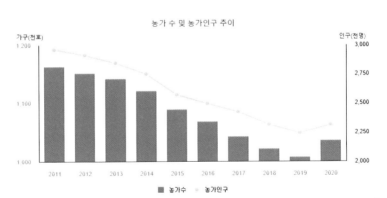

※ 출처: 통계청 농업조사, 농업총조사(2000년, 2005년, 2015년, 2020년)

스타트업을 키우는 농림수산식품 모태펀드

농업은 선진국형 산업으로 2·3차, 나아가 4차 산업혁명까지 산업을 성장시킬 수 있게 된 근간인 1차 산업이다. 글로벌 경제환경 속에서 농업이 차지하는 역할과 중요성은 굉장히 크다. 이는 최근 러시아-우크라이나 국제 분쟁 사태를 통해서도 알 수 있다. 이러한 국제분쟁은 바로 식량위기 문제와 직결되며 국내 식량안보와 식량 자급률 문제에 대한 경각심이 높아지고 있다.

KREI 농업정책금융 및 농신보 제도개선방안 연구결과에 따르면, 한국의 농업은 토지, 노동, 주변에서 쉽게 구할 수 있는 투입물 등의 단순한 자원 위주의 농업으로 시작하였다. 이후 1960년대 후반 비료, 농약, 농기구를 활용한 과학기술을 접목했다. 주곡작물인 쌀과 전통 육종기술을 기반으로 발전을 시작하였고 지속적으로 값싼 중국산 채소, 밀 수입 등에 대응하여 국내 품종을 개발하고 생산하고자 노력하였다. 단순히 생산 위주가 아닌 과학기술을 접목한 산업 육성의 개념으로 접근이 시작되었다. 또한 사회, 경제발전에 따른 소비 수요가 증가함에 따라 고품질 축산물을 얻기 위한 축산업 연구도 시작되었다. 한우 품종을 고급화하고 인공수정기술, 우량 수정란 도입, 사육기술 확충 등을 거듭하였으며 축산가공품의 꾸준한 개발과 연구를 통해 그 종류와 접근성 또한 높아졌다. 채소와 함께 과일 또한 보급이 시작되었다. 과수는 자본·토지·기술 집약적이며 자본 회수가 늦은 산업으로, 장기적으로 투자할 수 있는 여건이 조성된 후 발달하기 시작하였다.

〈표2-7〉 한국 농정의 시대별 패러다임

해방~1970 근대농업체계 구축	1971~1994 주곡자급, 농업 기반 확충	1995~현재 UR/FTA 개방대응
농지개혁(1950) 농업은행 발족(1956) 농촌진흥청 설립(1962)	새마을운동(1971) 통일벼 보급(1971) 간척, 개간 등 농업 기반 구축	농업구조개선, 규모화 직불제 본격 도입 논농업직불제(2001)

※ 출처: 농업정책금융 및 농신보 제도개선방안 연구(KREI, 2014)

세계 2차 대전 이후 농업에 대한 정의를 관련 산업까지 넓히면서 농업 생산자재부문, 농업부문, 농산물 가공 및 유통부문 등으로 확대하고 과학기술을 접목하여 생산성을 향상시키는 등 노력하였다. 그러나 1960년대에 들어서 수출주도형 공업화 정책과 WTO(세계무역기구) 체제의 출범에 의해 글로벌과 경쟁하며 상당히 위축되기 시작했다. 농업에 종사하는 국내 인구는 국민총생산을 기준으로 보았을 때 2018년 기준 2% 수준일 뿐이다. 글로벌 농업 선진국의 대형화·규모화된 물량과 가격을 이기기 어렵다. 세계적인 식량 수급은 농경지 확대나 생산량 증대 측면에서 공급의 제약이 있는 한편 개발도상국을 중심으로 식량 수요는 계속 증가할 것이기 때문에 타개책이 필요한 현실이다. 특히 국내 농업은 R&D에 대한 투자 비중이 적으며 민간영역에서의 R&D 투자는 더욱 저조하여 국가 중심으로 산업의 중심이 잡혀 있다는 것이 아쉬운 상황이다.

이 같은 상황을 타개하기 위해 최근에는 ICT와 융합하여 첨단 농업의 새로운 지평을 열고 있다. 농림축산식품부 '농업, 농촌 및 식품산업 발전계획'에 따르면, ICT 융합 정밀농업 시스템, 지능형 센서를 기반으로 한 통합생산제어 기술, 빌딩형 식물공장, 수확 자동화 로봇, 농업용 드론 등의 변화가 가시화되고 있으며 바이오를 결합한 그린바이오도 미래형 신산업으로 주목받고 있다. 농업경영인들도 이러한 변화의 필요성을 체감하고 적용하는 움직임을 보이고 있으며 더욱 중요한 것은 농업 분야 창업에 대한 젊은 청년창업자들의 관심이 증가했다는 것이다. 이러한 모습은 농업 기반 확충의 단계를 넘어서 농업구조를 개선하여 패러다임을 전환시키는 기반이 된다. 정부도 [그림2-6]과 같이 농정 패러다임 전환 계획을 제시하였다.

[그림2-6] 농정 패러다임

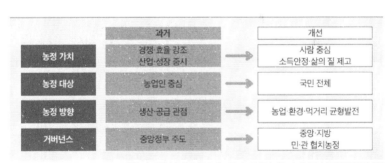

※ 출처: 농림축산식품부(2018), 2018~2022 농업, 농촌 및 식품산업 발전계획

최근 농업부문의 주요 이슈로 떠오른 것 중 하나는 '지속 가능한 식량생산 시스템 구축'이다. 식량안보와 식량주권 확보 문제에

보다 주도적으로 대응하기 위해 첨단기술 활용, 식품연구 등을 통해 식품 가치사슬에 긍정적인 영향을 끼칠 수 있는 혁신 농업기술을 〈표2-8〉과 같이 제시하고 있다. 수요 형태의 전환기술, 가치사슬을 연계한 촉진기술, 효과적인 생산 시스템 개발기술 등으로 구분하여 미래에도 지속 가능한 농식품산업 생태계의 방향을 제시하고 있다. AgTech, FoodTech로 불리는 기술과 융합한 농업과 식품업의 발전과 성장이 기대되는 상황이다.

〈표2-8〉 2030년도까지 식량생산 시스템에 영향을 미칠 핵심기술 12가지

수요 형태의 전환 기술	대체단백질
	식품 안전, 품질 및 추적성을 위한 식품감지기술
	맞춤형 영양을 위한 영양학
가치사슬의 연계 촉진 기술	모바일서비스
	빅데이터 및 응용분석
	실시간 공급망 투명성과 추적성을 위한 사물인터넷
	추적 가능 블록체인
효과적인 생산 시스템 개발 기술	투입자원과 물 사용 최적화를 위한 정밀농업
	종자 개량용 유전자 편집기술
	농작물 복원력 향상을 위한 미생물기술
	토양 관리를 위한 생물 기반 농작물 보호 및 미세영양제기술
	오프 그리드 재생에너지 생성 및 전기 이용을 위한 저장기술

※ 출처: KREI 현안분석, 2019, Makinsey & Company 2018

2.2. 국내 농식품산업 구조적 변화

농림축산식품부가 발표한 통계로 본 농업구조의 변화를 살펴보면 [그림2-7]과 같이 1970년부터 2019년까지 지난 50년간 농가인구 수는 연평균 3.7% 수준으로 꾸준히 감소해왔다. 농가 고령 인구비율은 1970년 4.9%에서 2019년 46.6%로 무려 41.7% 증가하였다. 농가 노령화지수도 1970년 11명에서 2019년 1,073명으로 크게 증가하였다. 연령별 연평균 증감률도 10~30대가 가장 높은 수치로 감소하고 있음을 알 수 있다. 농가인구 수뿐 아니라 농가 수 자체도 연평균 1.8%씩 지속적으로 감소하고 있다. 1인 가구는 연평균 3%, 2인 가구는 연평균 2.8% 증가하고 있는 반면 3인 가구 이상은 꾸준히 감소하는 추세이다. 70세 이상의 고령 경영주는 지난 30년간 연평균 4%씩 증가하고 있으나, 50세 이하는 꾸준히 감소하고 있다. 이는 고질적인 농산업의 한계로 지적되고 있는 농촌소멸, 농촌 고령화, 농촌 빈부격차 발생 등의 문제를 의미하며, 이에 대하여 경각심을 가지고 대응해야 한다는 경종을 울리는 수치이다.

[그림2-7] 농가인구, 농가 수, 가구원별 농가 추이 (1970~2019년)

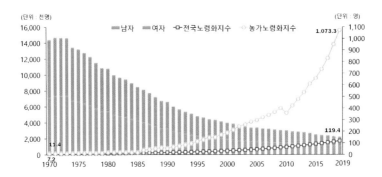

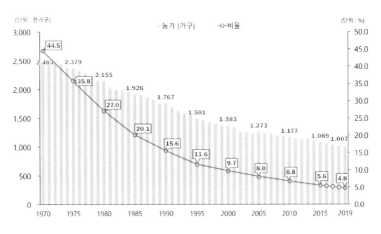

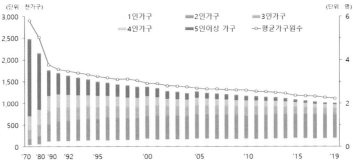

뿐만 아니라 [그림2-8]은 농업생산 변화를 보여주고 있다. 농경지의 면적은 1975년부터 2019년까지 45년간 연평균 0.8% 감소하였고 경지이용률도 꾸준히 감소하였으나 농가당 경지면적은 증가하였다. 이는 농촌인구가 그만큼 부족하다는 것을 의미한다. 농작물 생산량의 경우 식량작물 생산량은 1970년 대비 2019년 40% 가량 감소한 데 비해 채소는 30%, 과실은 10% 증가를 보여주고 있다. 식량작물 생산량은 사실 최근 국제분쟁 등의 이슈와 연계되어 심각한 식량안보 문제를 야기하고 있다. 2020년 최근 발표한 자료에 따르면 국내 곡물 자급률은 20.2%에 불과하다. 단적으로 소비되는 곡물의 80%는 수입에 의존해야 한다는 뜻이다.

이는 또한 해외에서 곡물을 수입하지 못하는 상황이 되면 국내의 식량 체계가 무너진다는 의미이기도 하다. 반면 과실과 채소가 증가추세를 보이는 것은 과거보다 재배환경이 개선되었고 스마트팜 등 자동화된 ICT 기술과 접목하여 균일한 재배환경을 조성하도록 하기 때문이다. 이러한 변화에 힘입어 농가의 노동 생산성과 토지 생산성도 연평균 약 8~10% 수준으로 꾸준히 증가하고 있다. 물론 지난 50년의 시간 동안 대한민국이 거듭한 경제적인 성장과 산업 전반에 걸친 성장의 영향 또한 존재하겠지만 농업에서도 효율적인 재배환경 조성을 위한 움직임이 많다는 뜻으로 해석할 수 있다.

[그림2-8] 경지면적 및 경지이용률 추이(1975~2019년)

※ 출처: 농림축산식품부, 통계로 본 농업변화(2020)

[그림2-9] 연평균 농업생산액 및 수입 추이(1970~2019년)

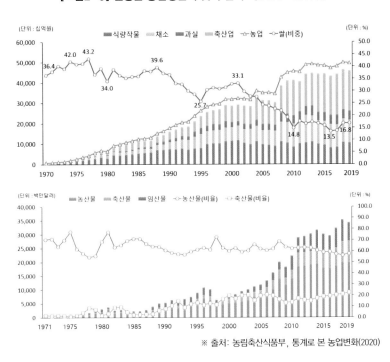

※ 출처: 농림축산식품부, 통계로 본 농업변화(2020)

스타트업을 키우는 농림수산식품 모태펀드

이어서 농업경영 환경의 변화를 [그림2-9]를 통해 살펴보도록 하겠다. 지난 50년간 농가소득은 연평균 10.9% 성장하였으나, 1970년 대비 2019년 농업소득은 51%가량 하락하였고, 농업 외 소득과 겸업소득이 각각 10%, 18% 증가한 것을 볼 수 있으며, 전업농가 수가 연평균 2.1%씩 감소하였다는 것을 알 수 있다. 농업 생산량은 연평균 8.8%가량 성장하고 있지만 그만큼 생산비용 또한 8%가량씩 증가하고 있다. 농축산물 소비량은 육류가 연평균 4.9%로 가장 큰 폭으로 상승하고 있으나 축산물 수입액 또한 연평균 14.3% 증가하고 있다는 것을 알 수 있다.

농촌환경 또한 지속적으로 변화하였다. 2013~2019년 기간 동안 귀농가구 수는 연평균 1.9%, 귀농인구는 1.8% 증가하였다. 다만, 30~50대에 대한 연령은 오히려 감소추세를 보이는 반면 60~70대가 증가하고 있어, 퇴직 후 귀농·귀촌을 결정하는 가구의 비중이 높다는 것을 <표2-9>를 보면 알 수 있다.

〈표 2-9〉 귀농가구 및 인구 현황

(단위: 가구, 명, %, %p)

	2013년		2015년		2017년		2019년		비중 증감 (구성비 B-A)	증감율 (B-A)/ A×100	연평균 증감율
	(A)	구성비		구성비		구성비	(B)	구성비			
귀농가구	10,202	100	11,959	100	12,630	100	11,422	100	0.0	12.0	1.9
평균 가구원수	1.70	–	1.66	–	1.55	–	1.42	–	–	-16.5	-1.1
1인가구	5,986	58.7	7,176	60.0	8,240	65.2	8,264	72.4	13.7	38.1	5.5
2인가구	2,442	23.9	2,852	23.8	2,792	22.1	2,124	18.6	-5.3	-13.0	-2.3
3인가구	897	8.8	1,045	8.7	878	7.0	588	5.1	-3.6	-34.4	-6.8
4인이상 가구	877	8.6	886	7.4	720	5.7	446	3.9	-4.7	-49.1	-10.7
귀농인구	10,312	100.0	12,114	100.0	12,763	100.0	11,504	100.0	0.0	11.6	1.8
남	7,239	70.2	8,331	68.8	8,509	66.7	7,891	68.6	-1.6	9.0	1.4
여	3,073	29.8	3,783	31.2	4,254	33.3	3,613	31.4	1.6	17.6	2.7
30대 이하	1,174	11.4	1,168	9.6	1,340	10.5	1,212	10.5	-0.9	3.2	0.5
40대	2,348	22.8	2,428	20.0	2,273	17.8	1,752	15.2	-7.6	-25.4	-4.8
50대	4,077	39.5	4,875	40.2	4,956	38.8	4,291	37.3	-2.2	5.2	0.9
60대	2,186	21.2	2,954	24.4	3,465	27.1	3,490	30.3	9.0	59.7	8.1
70대 이상	527	5.1	689	5.7	729	5.7	759	6.6	1.5	44.0	6.3

※ 출처: 통계청 「귀농어·귀촌인통계」(2020)

마지막으로, 2000~2019년 기간 동안 농업 관련 정보화기기 활용 농가는 연평균 12.6% 증가한 것을 알 수 있으며, 2015년 대비 2019년도에는 정보화기기를 활용하는 농가가 2배 이상 증가하였다. 이는 4차 산업혁명을 기반으로 한 정보화시대로의 전환이 전

산업 분야에 끼친 영향임을 알 수 있다. 특히 최근에는 ICT 기술을 농업과 식품업에 적용한 애그테크, 푸드테크 산업으로의 패러다임 전환기에 있기 때문에 이와 같은 변화는 향후 더 두드러지게 나타날 것으로 예상된다.

3. 해외 선진국의 농식품산업 현황 및 트렌드

앞서 언급한 바와 같이 농업은 선진국형 산업이다. 농업강국이 곧 국력 성장의 근간이 되어 왔으며 국가안보와도 직결된다. 김오식(2021)의 세계농업전망 연구에 따르면 우리나라 농업은 OECD(Organization for Economic Cooperation and Development, 경제협력개발기구)와 UN의 FAO(Food and Agriculture Organization, 유엔식량농업기구)가 합작으로 발표한 글로벌농업전망 전략에서 외면받을 만큼 전 세계적으로 주목받지 못하고 있다. 뿐만 아니라 전략의 결론 또한 낙관적이지 않기 때문에 지속 가능한 농업환경을 위해서는 글로벌 농업강국의 농업계획과 발맞추기 위해 노력해야 한다. 특히 최근 주요 이슈인 국제분쟁(러시아-우크라이나)으로 인한 식량안보 문제, 급격한 인플레이션 심화 등까지 철저히 고려하여 한국 농산업이 나아가야 하고 지켜야 할 방향을 설정해야 한다.

최근 세계 농업시장의 공통된 주요 흐름은 기후위기에 대응하기 위한 '탄소중립'과 '디지털화'이다. 기존의 기조와는 다른 대전환의 시기가 도래했다고 볼 수 있다. 아시아에서는 인도네시아가 팜유 수출을 전면 중단하고, 아랍에미리트(UAE)는 염생작물 재배를 통한 농업 가능성을 확인하였다. 미국은 포장지 용어 표기, 유럽은 긴급수출을 위한 회랑 설치준비, 스페인의 녹색 식소비 트렌드 증가 등의 이슈가 있다. 공통적으로 느껴지는 방향은 기후위기에 대응하기 위한 지속 가능 농업환경 조성 노력, 건강과 웰빙에 초점을 맞춘 비건 식단, 식량 자급률 확보 등을 통한 식량안보 강화의 세 가지로 나누어 볼 수 있다. 대표 국가인 일본, 미국, 유럽(EU)을 중심으로 이에 대해 보다 세부적으로 살펴보도록 한다.

일본은 2021년부터 '먹거리 시프트(FOOD SHIFT)' 운동을 실시하고 있는데 이는 먹거리와 농업을 연계하고 먹거리를 통해 일본을 견인하고자 함에 목표가 있다. 또한 2022년 3월에는 '농림수산업·식품산업에 관한 ESG 지역 금융 실천 가이던스'를 발표하여 지속 가능한 경제사회 구축을 위해 노력하고 있다. 4월에는 농촌진흥을 위해 논의한 내용을 기반으로 '지방인구 유입을 가속화하여 지속적인 저밀도 사회 실현'을 위한 새로운 농촌정책 구축을 발표하였다. 일본의 농업환경을 구성하는 다양한 요인들이 있겠지만 고령화 이슈가 상당히 이전부터 대두되어 왔기 때문에 인공지능, 로봇, 자동화를 접목시키는 스마트농업 또한 많이 발달하였다. 곡물 자급률은 30% 수준으로 선진국 중 매우 낮은 편에 속한다.

반면에 미국의 농업은 '규모화', '기계화'라는 뚜렷한 특징이 존재한다. 국토면적이 넓고 대규모 농지를 기반으로 경작하기 때문에 트랙터 사용이 필수이며, 씨를 뿌리거나 비료를 주는 데에는 비행기가 이용되고, 수확과 타작에는 콤바인이 사용된다. 소·말·돼지 등 가축도 대규모로 사육되어 세계 1위의 생산량을 자랑한다. 미국 또한 기후위기, 젊은 농업인 부족, 고령화 문제 등에 직면해 있으며 이를 해결하기 위한 다양한 강구책을 사용하고 있다. 〈표 2-10〉와 같이 미국의 농식품 관련 정책기관은 크게 4가지로 구성되어 있다.

〈표2-10〉 미국 농식품 관련 정책기관 현황

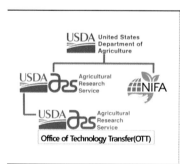

	• 미국 농무부 USDA – 미국 에크테크 관련 정책 총괄
	• 미국 농업연구청 ARS – ICT 융합 원천기술 개발, R&D 확대
	• 미국 농업기술거래소 OTT – 연구결과, 성과의 응용 및 상업화
	• 미국국립식품농업연구소 NIFA – R&D기획 총괄, 기술정보 제공 및 자금집행

※ 출처: 농업정책보험금융원 연구용역 요약자료(삼정KPMG수행, 2022)

정책총괄의 역할을 하는 미국 농무부는 2022~2026년 농업·농촌의 기회와 위협에 대응하기 위해 범영역적으로 다섯 가지 주요 주제를 제시하고 목표를 설정하였다. 첫째는 기후스마트농업, 임업과 재생에너지를 활용한 기후변화 대응으로 기후변화의 위험을 사전에 감지하고 대응하고자 한다. 둘째는 인종 간 정의, 공정, 기회의 개선으로 농무부 프로그램을 통해 전 인류적 차별을 없애고자 한다. 셋째는 생산자와 소비자에게 더 좋은 시장 구축으로 코로나19 이후 발견된 식품 시스템의 취약성을 개선하고 새로운 시장의 기회를 열고자 함에 있다. 네 번째는 식량과 영양 불균형을 해결하고 식량안보를 강화하는 것으로 안전한 먹거리와 식량안보 문제에 집중하고자 한다. 마지막은 미국 농무부를 모두가 다니기 좋은 직장으로 만들고자 함에 있는데, 이는 직원들 또한 존중받고 믿을 수 있으며 지원을 받는 환경을 만들고자 함에 있다. 이 같은 다섯 가지 주제를 바탕으로 〈표2-11〉와 같이 6가지 전략을 제시하고 있다.

〈표2-11〉 2022~2026 농업 · 농촌전략 6가지 목표(미국)

순번	목표	세부목표
1	농지, 자원, 공동체를 위한 기후변화 대응	기후스마트농업 관리와 농지의 건강 및 생산성 강화
		농업과 임업의 기후변화 결과 적응
		유역의 복원, 보호, 보존을 통해 수자원의 풍족하고 지속적인 공급 확보
		탄소격리 증가, 온실가스 배출 감축과 경제적 기회 창출
2	공정하고, 회복성 있고, 풍족한 농업 시스템 확보	주요 질병, 병해충, 인간-야생 간 갈등(Wildlife conflicts)의 최소화를 통한 식물과 동물의 건강 보호
		회복력 있는 식품 시스템, 인프라, 공급 사슬 구축
		농업 혁신 육성

스타트업을 키우는 농림수산식품 모태펀드

순번	목표	세부목표
3	모든 농업 생산자들이 공정하게 경쟁하는 시장 육성	혁신 촉진, 기후변화 회복력 강화, 재생에너지 확대를 통한 지속 가능한 경제 성장
		신기술, 지속 가능한 제품 등을 위한 시장 확대
		협상, 무역협정 등을 통한 농업 생산자들의 세계 시장 참여 확대
		개발도상국에 대한 기술 지원 등을 통해 세계적인 마케팅 기회와 수요 확대
4	안전하고 영양가 높은 식품에 접근할 수 있는 환경 마련	식품 지원 및 영양과 적절한 식품에 대한 접근성 확보를 통한 식량 안보 강화
		데이터 기반, 유연한 소비자 중심의 접근을 통한 건강한 식품 선택 유도
		식품 매개 질병 방지와 공중위생 보호
5	경제 발전 및 삶의 질 향상의 기회를 농촌과 원주민 공동체에 확대	인터넷 연결성, 공동체 시설, 지속 가능하고 믿을 수 있는 에너지, 상하수도 등 농촌과 원주민 공동체의 인프라 개선
		적절한 주거 접근성을 통한 농촌과 원주민 공동체의 재정적 안정성 강화
		농촌과 원주민 공동체의 능력, 지속 가능성, 경제적 활력 증대
		농촌과 원주민 공동체에 지속 가능한 녹색 경제 발전을 극대화하여 환경적 정의 실천을 강화
6	미국 농무부 인력에 대한 확보 및 동기부여	인권, 다양성, 공정, 포용, 접근성, 투명성 등의 강화
		고객 중심의 포용적이고 능력 있는 직원
		더 나은 기술과 공유된 방식으로 농무부 업무 능력 강화

※ 출처: 한국농촌경제연구원 e-세계농업, 제15호(2022년 6월)

농업 분야 투자 또한 비슷한 맥락으로 변화하였다. 〈표2-12〉와 같이 2018년 애그테크 산업은 ICT, 디지털 기술을 기반으로 환경개선 및 경제발전에 주된 초점을 맞추었다면 2년 후인 2020년에는 탄소 및 온실가스 배출 감소, 재생에너지 등 보다 세부적으로 지속 가능한 농업환경 조성을 위해 노력하고 있다.

〈표2-12〉 미국 농식품 분야 주요 투자동향 이슈

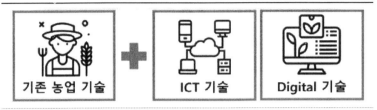

- ICT융합, 디지털 기술 기반 애그테크산업
- 농촌 지역사회 환경개선 및 경제발전 견인
- [5대목표] ① e-연결성 ② 삶의 질 ③ 노동력 ④ 기술혁신 ⑤ 경제개발

2018년 애그테크 산업 동향

- 농업혁신 아젠다(AIA)를 발표하며, 공공과 민간의 연구협력, 혁신기술 개발지원, 데이터 수집 및 진행 현황 제공 등 전략 제시
① 농업 생산성 증대 ② 음식 쓰레기 감소 **③ 탄소 및 온실가스 배출 감소** ④ 수질 관리 **⑤ 재생에너지**

2020년 애그테크 산업 동향

※ 출처: 농업정책보험금융원 연구용역 요약자료(삼정KPMG수행, 2022)

〈표2-13〉 유럽 농식품 분야 주요 투자 이슈

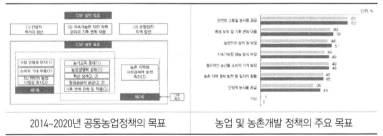

2014~2020년 공동농업정책의 목표	농업 및 농촌개발 정책의 주요 목표

※ 출처: 농업정책보험금융원 연구용역 요약자료(삼정KPMG수행, 2022)

마지막으로 유럽의 농업을 살펴보면 최근 가장 큰 이슈는 러시아-우크라이나 전쟁으로 인한 식량안보일 것이다. 러시아와 우크라이나는 주요한 농산물 수출국으로 전 세계 무역을 통해 거래되는 열량의 12%가 두 국가에서 생산된다. 또, 러시아는 세계 최대 비료 수출 국가로 타격이 상당할 것으로 판단된다. 그러나 유럽연합은 즉각적인 대응책을 마련하였는데, 피해 농가 지원 패키지와 직불금제도 그리고 공동농업정책 예산투입 등이 있다. 또한 시민들의 제안을 수렴하는 컨퍼런스를 개최하여 식품라벨 개선, 농촌지역 인프라 개선, 생물 다양성 보존 등의 목표를 설정하였다. 유럽은 농식품 수출경쟁력이 높으며 주로 와인, 곡물 가공품, 초콜릿 및 과자류가 상위를 차지하고 있다. 유럽 농식품 분야 주요 투자 이슈는 〈표2-13〉과 같이 안전한 고품질 농식품 공급, 환경보호 및 기후변화 대응, 농업인의 삶의 질 보장, 지속 가능한 영농 방식 보장, 합리적 농산물 소비자 가격 설정, 안전적 농식품 공급 등의 목표에 부합하는 농식품 스타트업에 집중도가 높아지고 있다.

글로벌 농식품기업 투자 흐름을 요약하여 살펴보면 농업과 애그테크 분야에 주목도가 높으며 미국 기반 투자자가 대다수를 이루고 있다. 〈표2-14〉를 보면 알 수 있듯 농장·가축 관리 소프트웨어·센싱·IoT 관련 기업 및 로보틱스·기계화·농업 장비 분야에 대한 투자가 많은 편이며, 특정 분야에 집중하기보다 농업 생명공학, 혁신 식품 등 다양한 분야에 투자가 이루어지고 있다.

〈표2-14〉 글로벌 농식품 분야 투자 트렌드

투자자	유형	투자건수 (10~19)	투자기업(16~19)	분야
SOSV	벤처 캐피탈 (미국)	44	Nordetect	농장, 농작물 관련 소프트웨어(농작물 진단 플랫폼)
			ThingC	농장, 농작물 관련 소프트웨어(로보틱스 기반 농장 관리)
			AGRON Solutions	농장, 농작물 관련 소프트웨어(토양진단 도구)
			Tensorfield Agriculture	로보틱스, 기계화, 농업 장비
			Hexafly	혁신식품
			Re-Nuble	바이오에너지, 소재(바이오소재 활용 폐기물처리)
Techstars	엑셀러레이터 (미국)	37	SkyWatch	위성, 항공, 이미저리(Imagery)(지구관측데이터 분석)
			ImagoAI	중간단계 기술(첨단 이미지 솔루션 및 AI 식품안전 관리)
			Natufia	신규 농업 시스템(수직농법)
Y Combinator	엑셀러레이터 (미국)	27	Vinsight	농장, 농작물 관련 소프트웨어(농작물 수확량 예측)
			BearFlag Robotics	로보틱스, 기계화, 농업 장비(자율주행 트랙터)
			Shiok Meats	혁신식품, 대체식품 식물성 고기 제조
			Grubmarket	어그비즈 마켓플레이스
SVG Ventures	벤처 캐피탈 (미국)	26	Agrosmart	농장, 농작물 관련 소프트웨어
			Arable Labs	농장, 농작물 관련 소프트웨어
			FarmWise Labs	로보틱스, 기계화, 농업 장비
			Tortuga AgTech	신규 농업 시스템(수직농법 솔루션)

※ 출처: 농업정책보험금융원 연구용역 요약자료(삼정KPMG수행, 2022)

스타트업을 키우는 농림수산식품 모태펀드

농식품 금융정책 및 농림수산식품기업 투자 현황

1. 농식품 정책금융시장의 현황과 구조
: 보조, 융자 중심

1.1. 전통 농식품 금융시장

농식품산업 육성을 위한 금융 제도는 필요한 자금을 효율적으로 조달하고 적기에 적량을 공급해 주는 것을 목표로 해왔다. 또 자연재해의 영향을 많이 받고, 고령 인구가 많으며 노동집약적인 전통농업의 특수성으로 인해 일반적인 자본시장의 금융자금조달이 아닌 시장실패 영역을 보완하는 보조·지원 방식을 통해 농가의 소득을 보전하는 역할을 해왔다. 시시각각 변하는 경제 상황 속에서 농업부문 정책금융은 안정적인 측면도 있지만 다소 정체되어 있다고 볼 수 있다. 산업의 성장을 위해서는 중소벤처기업의 등장과 육성이 필요하며 이를 견인하기 위해서는 민간의 자금이 유입되는 것이 생태계 성장의 일반적인 절차이다. 농산업의 특수성을 고려하되 이러한 성장과 발전을 위해서는 농업금융 시스템의 구조를 전반적으로 되짚어 보는 것이 필요하다.

전통적인 농업금융은 보조와 융자 방식으로 이루어졌으며 농업인들에게는 가장 일반화된 자금조달 방식이다. 또한 농업경영체의 주된 자금조달원은 정책금융으로 경영자의 견해에도 차이가 발생하게 된다. 즉, 지원금과 보조금은 국가로부터 수령해야 하는 금액으로 인식하게 되는 것이다. 2018년 기준 중앙부처 보조사업 예산으로만 살펴보면 농림축산식품부의 경우 6.4조 원으로 농식품부 소관 예산 기준의 44.8%를 차지하며 타 부처 간에 비교해도 보건복지부(약 30조) 다음으로 가장 크다. 또 〈표2-15〉와 같이 중앙부처에서 관리하여 집행되는 보조금뿐 아니라 지자체에서 개별적으로 운영하는 보조금과 보조사업도 농업인의 주된 자금 공급원이다. 총 4조 8,639억 원으로 추산된다. 그 외 시군단위의 개별 보조사업은 소액사업으로 구성되어 있으며 지자체당 50개 이상의 보조사업을 시행하고 있는 것으로 파악된다.

<표2-15> 농식품부 보조사업 예산 현황

(단위: 개, 억 원)

수행기관 유형	수행기관 수	수행보조사업 수	국고보조금	평균보조금
보조사업자 (민간 등)	2,338	3,920	8,492	1.6
기초자치단체	226	11,420	29,641	1.9
광역자치단체	17	2,342	10,506	3.4
합계	2,581	17,682	48,639	6.9

※ 출처: 농업부문 포용적 금융을 위한 금융지원 실태 분석 연구(2020, KREI 김미복, 윤채빈)

　　보조금 외의 금융시장에서의 자금조달 또한 많은 부분을 정부자금에 의지한다. 융자 또한 〈표2-16〉과 같이 다양한 기금과 회계에서 이루어지고 있으며 계정 과목 수만 해도 400개 이상으로 다소 복잡하다. 융자는 소액다건의 특징을 가지고 있으며 농업경영체의 특성에 맞게 개별적으로 설계되어 있다. 농신보 보증에서도 소액보증이 주를 이루고 있으며, 2천만 원 이하 소액 보증이 57.6%(건수 기준, 2016년 말)를 차지하고 있다. 즉, 1억 원 이하의 일명 엔젤투자는 농업부문에서 잘 자리 잡고 있는 융자제도를 통해 이용하는 게 더 유리할 수 있다.

<표2-16> 농식품부문 정책자금 현황

(단위: 건, 억 원)

주요 사업	대출 건수		대출잔액	
농축산경영자금	382,967	32.1%	19,518	10.9%
농업종합자금	212,471	17.8%	42,503	23.7%
농어촌구조개선자금	128,263	10.8%	28,459	15.8%
축발기금	56,809	4.8%	25,038	13.9%
농안기금	662	0.1%	4,554	2.5%
농촌주택자금	122,578	10.3%	25,563	14.2%
농가부채대책	254,743	21.4%	25,624	14.3%
기타	33,444	2.8%	8,649	4.8%
계	1,191,938	100.0%	179,608	100.0%

※ 출처: 농업부문 포용적 금융을 위한 금융지원 실태 분석 연구(2020, KREI 김미복, 윤채빈)

이처럼 농산업 금융시장은 민간주도보다는 정책금융을 중심으로 육성되어 왔으며, 농업부문의 특수성으로 인해 경제발전, 시장성장, 확대의 측면보다는 소극적이고 보조해야 하는 산업적 측면으로 인식되어 왔다. 하지만, 저금리·저성장·글로벌 위기 등의 상황에 따라 정부 정책자금 또한 효율적으로 운영되어야 하며, 농산업이 보다 확장적으로 성장하고 미래산업으로 자리 잡기 위해서는 민간자금의 유입이 필요하다. 또 기존의 보조금의 경우 단순히 일회성으로 지급하는 형태이며 예산이 소진만 된다는 관점에서는 정책자금의 비효율과 정체를 가져온다고 볼 수 있다. 또한, 금리가 낮은 융자, 대출의 경우는 소액 이자만 수령하게 됨에 따라 자금의 유동성을 막게 되며 선순환 구조를 창출할 수 없게 된다.

농협은행이 취급하는 정책자금은 2019년 기준 총 17조 1,115억 원으로 대출계좌는 개인이 대부분 보유하고 있으며 평균 약 3천만 원 수준의 소액을 빌린 것으로 나타난다. 농업회사법인과 일반법인은 평균 7억 원 내외로 규모가 큰 자금을 활용하여 농지 구입, 제조·가공 공장 설립, 물류 설치 등의 사업자금으로 사용하고 있다. 대부분의 담보는 농신보와 부동산으로 이루어지고 있으며 금리는 2~2.5%대의 금리 조건을 가지고 있고, 1% 이하 초저금리의 수요가 높다. 〈표2-17〉을 통해 농협사업별 대출계좌 보유 현황과 대출잔액 현황을 살펴볼 수 있다.

〈표2-17〉 농협사업별 대출계좌 보유 수 및 대출잔액 현황

(단위: 건, 십억 원)

구분	계좌 보유 수		대출잔액		평균 잔액
농업종합자금	206,974	53.6%	6,704	39.2%	0.03
농촌주택	92,012	23.8%	3,303	19.3%	0.04
후계농 지원자금	26,700	6.9%	1,663	9.7%	0.06
축발사업	20,381	5.3%	1,498	8.8%	0.07
FTA사업	17,690	4.6%	1,096	6.4%	0.06
귀농귀촌창업지원	7,728	2.0%	867	5.1%	0.11
재해복구 및 대책	6,888	1.8%	52	0.3%	0.01
기타*	5,327	1.4%	1,853	10.8%	0.35
농업경영회생자금	2,556	0.7%	78	0.5%	0.03
합계	386,272	100.0%	17,112	100.0%	0.04

* 농협사업 중 기타농업 정책자금, 농안사업, 농업기계화, 농업인저리자금, 미곡종합처리장 사업을 합하여 기타로 표시함

※ 출처: 농업부문 포용적 금융을 위한 금융지원 실태 분석 연구(2020, KREI 김미복, 윤채빈)

1.2. 농식품산업 기술금융

기업이 성장을 위한 혁신동력을 얻기 위해서 '기술'은 필수적인 요소이다. 농업 분야 또한 마찬가지이다. 농업의 혁신성장은 아직 정부 기반으로 견인되는 초기단계로, 산업이 성장동력을 얻어 확대되려면 기술을 기반으로 한 민간주도로 이루어져야 한다. 현재의 농업기술금융 체계는 기술이전, 사업화지원, 보증, 융자 및 투자의 별도 체계로 구축되어 있는데 이러한 제도를 한데 잇고 연계하는 통합 노력이 필요하다. 농업금융시장은 앞서 살펴본 대로 아직 직접금융의 비중이 작아 기술금융 역량이 미흡하지만, 농협은행, 농신보, 실용화재단, 농금원 등 각각 금융의 고유영역을 담당하는 기관 간 시너지 효과를 창출한다면 유의미한 결과를 기대할 수 있을 것이라고 본다. 농식품산업 혁신성장을 도모하기 위하여 기술금융 기반을 점검하고 정책과제를 도출하는 것이 필요하다.

국내 기술금융 시장의 주체는 크게 '민간부문'과 '공공부문'으로 나뉘어 있다. 민간부문은 자금의 공급 주체가 시중은행 및 벤처캐피탈 등이며, 공공부문은 정부와 같은 공공기관이 그 주체이다. 공급 방식에 따라서는 보증, 융자, 투자로 구분할 수 있는데 국내 기술금융은 투자보다는 보증, 융자 중심의 시장으로 형성되어 있다. 전체 규모는 2019년 기술보증기금 자료를 기준으로 〈표2-18〉와 같이 약 250조 원 규모로 추산되며 이 중 투자가 차지하는 비중은 5.9% 정도이다.

⟨표2-18⟩ 주요 기술금융 관련 프로그램 현황

(단위: 원)

구분		주체	프로그램	규모	비고	
간접	보증	공공	기술보증	22.0조	잔액	2018. 12.
	융자	공공	온렌딩대출	5.4조	공급	2018. 6.
			신성장, 일자리지원 프로그램	10조	한도	2019
			창업기업자금 (개발기술사업화)	2.1조	예산	2019
		민간	기술신용대출	205.4조	잔액	2019. 12.
직접	투자	민간	벤처캐피탈	39.5조	투자	2019
			IP펀드	1,933억	투자	2019

※ 출처: 농촌경제연구원, 농식품산업 기술금융활성화 방안(2020)

　　농식품 분야 기술금융 시장의 구조는 전체 기술금융 시장 안에서도 아직 도입단계로 정부의 주도적인 역할이 차지하는 비중이 큰 편이다. 일반적으로 기술시장은 내부 현금 흐름과 담보가 부족하고, 기업의 기술·능력에 대한 정보 비대칭성이 크며 기술시장 참여자 목적의 이질성 등 시장에서 해결하기 힘든 어려움이 존재한다. 이러한 문제는 정부가 적극적으로 개입하여 해결할 필요가 있다. 농식품 분야에서 기술금융이 더 잘 발달하지 못한 것은 시장 참여자의 영세성, 정보 비대칭성 등의 문제가 크기 때문이기도 하다.

　　농식품 기술사업화 관련 프로그램 또한 마찬가지로 보증, 융자, 투자, 보조로 이루어져 있다. 보증 분야는 기술보증기금을 중심으로 식품을 포함한 농식품 연관 산업에 대해 이루어지고 있고, 농림수산업자신용보증기금(이하 농신보)에서는 사업화 관련 우대보증을 하는 일부 프로그램이 있다. 융자 분야는 크게 기술 기반 담보대출과 TCB(기술신용대출)가 포함되어 있고, 투자 분야는 농식품모태펀드를 중심으로 타 모태펀드의 투자 등이 이루어지고 있다. 이러한 R&D 기반 사업의 주도적 역할을 하는 것이 농업기술진흥원, 농림식품기술기획평가원 등이다. 농식품 분야 기술금융 규모는 〈표2-19〉와 같이 기술신용대출 포함, 약 2.5조 원으로 추정되어 매우 비중이 낮은 편으로 기술보증기금의 기술력 평가에서 농식품 분야 비중은 0.2% 미만이고, 보증, 융자 전체 실적 250조 원 시장에서도 2.3조 원으로 1%에 미치지 못하고 있다.

〈표2-19〉 주요 기술금융 관련 프로그램 현황(농식품 분야)

단위: 억 원

구분		주체	프로그램	규모	비고
간접	보증	공공	농신보 농식품우수기술사업화	100	공급
	융자	공공	이차보전	1,014	잔액
		민간	IP담보대출	142	누적
			기술신용대출	22,000	잔액
직접	투자	공공	농식품모태펀드	200	공급
		민간	민간투자	1,469	누적
합계				24,925	

※ 출처: 농촌경제연구원, 농식품산업 기술금융활성화 방안(2020)

농식품기술은 기술화를 통한 가치창출 기간까지 소요되는 시간이 타 산업에 비하여 상대적으로 길다. 기술의 가치가 본격적으로 창출되기 위해서는 사업화를 통해 시장에 공개되어야 하는데, 농식품의 경우 기술개발에서도 시간이 많이 소요될 뿐 아니라 상용화되기까지도 상당한 시간이 소요된다. [그림2-10]을 보면 알 수 있듯, 농식품 분야 평균 투입·회임기간은 7.7년으로 타 산업 평균 기간인 4~6년에 비해 높은 것을 알 수 있다.

[그림2-10] 산업별 평균 투입 · 회임기간

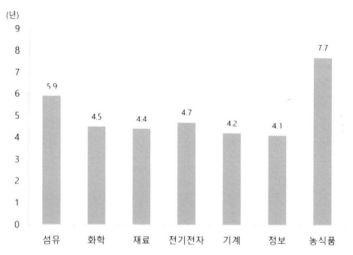

※ 출처: 농촌경제연구원, 농식품산업 기술금융활성화 방안(2020)

2. 농식품모태펀드 도입 배경과 목적

농림수산식품모태펀드는 농림수산식품산업에 대한 투자를 촉진하고 농림수산식품경영체의 건전한 성장 기반을 조성하기 위해 정부(농림축산식품부, 해양수산부)의 출자금을 받아 조성된 Fund of Funds 형태의 정책 모펀드이다.

2000년대 들어 농림수산식품산업의 여건 변화에 따라 첨단농업, 녹색성장산업, 식품산업 등 새로운 벤처투자기회가 모색되었고 농식품산업을 미래산업으로 본격 육성할 수 있다는 시장의 인식이 형성되어 2010년 9월 투자관리전문기관으로 농업정책보험금융원을 지정하여 설립되었다. 농식품모태펀드는 [그림2-11]과 같은 구조로 설계되었는데 농림축산식품부, 해양수산부가 출자한 자금을 기반으로 농림수산식품모(母)태펀드를 결성하고 이 모태펀드의 자금을 기반으로 농림수산식품경영체에 투자하는 다양한 펀드들을 조성한다. 이렇게 조성된 펀드는 농림수산식품투자조합으로서 일반적으로 '자(子)펀드'라고 명명한다.

전통적인 농업금융방법인 투자 및 융자 방식에서 탈피하여 성장 가능성이 높은 우수한 농식품경영체를 육성하고 농식품벤처 붐을 일으키기 위해 농업 분야의 특수성을 감안하여 차별화된 구축방법을 도입하기 위해 별도 법률인 「농림수산식품투자조합 결성 및 운용에 관한 법률」을 제정하고 별도의 투자기구인 '농림수산식

[그림2-11] 농식품모태펀드 운용구조

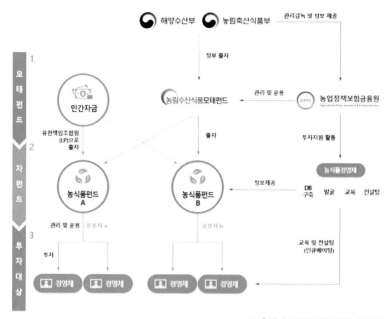

※ 출처: 농업정책보험금융원 홈페이지

품투자조합'을 사용하여 출범하였다. 기존 한국벤처투자에서 운용하는 벤처투자법의 경우 산업에 대한 특별한 구분 없이 중소벤처기업에 대한 육성을 목적으로 하고 있기 때문에, 그 안에서 농식품산업이 소외될 가능성이 크며 전통적인 농업의 특수성을 고려한 제도적인 구축이 필요했기에 도입되었다고 볼 수 있다. 또 벤처투자조합이 아닌 별도법을 근거로 한 '농식품투자조합'이라는 투자기구를 통해 출자함으로써 농식품경영체에 대한 투자를 관리한다는점 또한 주목할 만한 점이다.

현재 농림수산식품모태펀드는 출범 12년차로 본 연구에서는 정확한 현황파악을 위해 결산 완료 수치인 2021년 말 입수 가능한 자료를 기준으로 분석해 보고자 한다. 농식품모태펀드에 출자한 정부재원은 2021년 말 기준 5,367억 원이며 총 94개의 자펀드를 1조 5,381억 원 규모로 결성하였다. 2010년 590억 원 출자, 1,170억 원 규모 자펀드 5개 결성 대비 굉장히 큰 성장률을 보이고 있다.

3. 농림수산식품기업 투자 현황

3.1. 농식품모태펀드를 통한 투자 현황

「농림수산식품투자조합 결성 및 운용에 관한 법률」 제3조(농림수산식품경영체의 범위)에 따르면 농림수산식품경영체의 범위는 [그림 2-12]와 같이 굉장히 넓다. 농어업을 직접 영위하는 1차 사업자뿐 아니라 농수산물을 가공하고 유통하는 전후방 산업, 소재 및 생산설비 산업, 식품산업, 관련 산업(말, 애완동물, 농촌관광, 임업, 곤충산업, 해외농업개발사업자 등) 등 굉장히 넓은 범위로 규정하고 있다. 비상장시장이다 보니 벤처캐피탈 투자에 대한 명확한 공시나 공개가 이루어지고 있지는 않으며, 일부 통계정보를 공개하는 한국벤처캐피

스타트업을 키우는 농림수산식품 모태펀드

탈협회 등에서는 농림수산식품 분야를 별도로 구분하여 추출할 수 없다. 이에 본 연구에서는 농림수산식품기업 투자 현황의 경우 농식품모태펀드를 통해 투자된 기업으로 한정하여 해석하도록 한다.

[그림2-12] 농림수산식품경영체 범위

농어업
- 농작물재배업 : 식량작물 재배업, 채소작물 재배업, 과실작물 재배업, 화훼작물 재배업, 특용작물 재배업, 약용작물 재배업, 버섯 재배업, 양잠업 및 종자·묘목 재배업 등
- 축산업 : 동물(수생동물 제외)의 사육업 증식업 부화업 종축업(種畜業) 등
- 임업 : 육림업(자연휴양림 자연수목원의 조성·관리·운영업 포함), 임산물 생산·채취업 및 임업용 종자·묘목 재배업 등
- 수산업 : 수산동식물을 포획 채취하거나 양식하는 산업, 염전에서 바닷물을 자연 증발시켜 제조하는 염업 및 관련 산업 등

식품산업
- 식품을 생산, 가공, 제조, 조리, 포장, 보관, 수송 또는 판매하는 산업
  - 농수산물에 인공을 가하여 생산 가공 제조·조리하는 산업 등
  - 위 산업으로부터 생산된 산물을 포장 보관 수송 또는 판매하는 산업 등

소재 및 생산설비 산업
- 소재 : 농림수산식품의 생산에 사용되는 원재료 또는 중간생산물 중 농림수산식품의 고부가가치화에 기여가 큰 것으로 농약, 비료, 양액, 사료, 동물약품, 포대, 필름 또는 포장재와 그 밖에 유사한 것
- 생산설비 : 소재를 제조 가공하는 설비 중 농림수산식품의 고부가 가치화에 기여가 큰 것으로써 기계 또는 공구와 그 밖에 이와 유사한 것
- 매출액 중 소재 또는 생산설비의 매출액이 50% 이상이고 상호출자제한 기업집단에 속하지 않는 기업

농림수산식품 관련 산업
- 농업 관련 산업
  - 농산물 유통·가공업, 농업바이오, 야생초수사육업, 분재생산업, 조경업 등
- 애완동물산업, 말산업, 농촌관광 등 농업 관련 서비스업
- 임업 관련 산업
  - 임산물 유통·가공업, 야생조수 사육업, 분재생산업 및 조경업 등
  - 수목조사업 등 임업 관련 서비스업
- 수산업 관련 산업
  - 수산물 유통·가공업, 수산바이오, 종묘산업, 해양심층수산업 등
  - 낚시 등 수산레저산업 및 어업 컨설팅업 등 수산업 관련 서비스업
- 식품 관련 산업
  - 식품포장용기 제조업 및 음식료품 가공기계 제조업
  - 음식료품 도소매업 등 식품산업 관련 서비스업
- 곤충산업 :「곤충산업의 육성 및 지원에 관한 법률」제2조 제1항에 따라 곤충의 사육, 생산, 가공 또는 유통의 신고를 한 자
- 해외농업개발사업자 :「해외농업·산림자원 개발협력법」제2조 제6호의 해외농업 개발사업자
- 원양산업자 :「원양산업발전법」제2조 제4호의 원양산업자
- 연구개발(R&D)에 종사하는 자 :「과학기술기본법」제27조 및 같은 법 시행령 제3조에 따른「국가과학기술분류체계」의 농림수산식품분야 연구 개발(R&D)에 종사하는 자

※ 출처: 농업정책보험금융원(2021)

2021년 말 기준 농림수산식품모태펀드는 ⟨표2-20⟩과 같이 총 539개 경영체에 813건, 총 1조 587억 원을 투자하였으며 전체 결성금액 대비 투자소진율은 68.8% 수준이다. 농식품투자계정만 별도로 분리하여 살펴보면 총 443개 경영체에 692건, 8,960억 원이 투자되었으며, 투자금액 중 농식품 분야에 속하는 경영체는 총 361개로 약 7,783억 원이 투자되었다. 농식품투자계정만을 별도로 놓

고 분석해보면 [그림2-13]과 같이 2014년 이후부터는 매년 평균 40개의 농식품기업에 투자가 이루어지고 있는 것을 알 수 있다.

〈표2-20〉 농식품모태펀드 계정별 투자 현황

(단위: 개, 건, 억 원, %)

계정 구분	농식품투자 계정	수산투자 계정	합 계
자조합(자펀드) 개수	79	15	94
자조합 결성 총액(A)	13,096	2,285	15,381
투자 경영체 개수	443	96	539
투자건수	692	121	813
투자금액(B)	8,960	1,627	10,587

※ 출처: 농업정책보험금융원(2021)

[그림2-13] 농식품모태펀드 연도별 투자실적(농식품계정, 투자기업 수 기준)

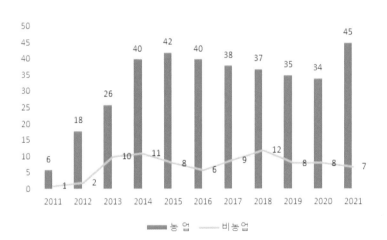

※ 출처: 농업정책보험금융원(2021) 제공자료 편집

2010~2012년도 출자한 농식품모태펀드는 청산을 완료하거나 곧 앞두고 있는데 전반적인 청산실적 또한 굉장히 우수하다. 총 13개 펀드가 성공적으로 청산 완료되었으며 총 합계 기준 Multiple 147%를 달성하였다. 일부 손실이 난 이앤-농식품프로젝트투자조합의 경우 농식품 분야에 대한 프로젝트 방식으로 100% 투자해야 하는 어려운 조건의 펀드임을 감안하였을 때 성공적인 성과로 판단할 수 있다.

또 주목할 만한 점은 지난 12년간의 농식품펀드 투자 트렌드의 변화이다. 2010년 첫 출범 당시에는 투자처 발굴에 대한 벤처캐피탈시장의 우려가 많았다. 농업의 경우 산업적 특수성과 재배시기, 생육기간 등으로 인한 물리적인 제약 등이 존재하여 벤처캐피탈시장에서 선호하는 폭발적인 성장과 발 빠른 변화 등과는 다소 거리가 멀어 보였기 때문이다. 투자 방법 또한 지분투자보다는 채권 방식의 투자방법을 선택하는 등 보다 보수적인 방법으로 투자가 이루어지는 경우가 많았다. 그러나 이러한 우려가 무색할 만큼 현재 농식품모태펀드는 큰 성과를 거두었고 시장에서도 관심도가 높아져 출자사업 경쟁률도 크게 증가하고 있다.

농식품모태펀드의 대표적인 투자기업으로는, 데이터 기반 스마트팜 개발업체인 그린랩스, 새벽식품배송 플랫폼으로 유니콘기업에 등극한 마켓컬리, 대한민국 HMR시장의 선구자 프레시지 등이 있으며, 국내 농식품산업을 리드하는 이들과 같은 스타트업들에 대해 적극적인 육성과 성장지원이 중요하다는 것을 다시금 되새겨야 한다.

3.2. 벤처캐피탈 농식품경영체 투자실적

농식품모태펀드를 통하지 않더라도 최근 시장에서 주목받는 주요 농식품 관련 스타트업들이 다수 나타났다. 중기부 예비 유니콘 보증사업에 선정된 대표적인 농식품피투자기업으로 프레시지, 제주맥주, 팜에이트 등을 꼽을 수 있으며, 마켓컬리, 그린랩스같이 기업가치 1조 원을 앞두고 있는 막강한 유니콘기업들의 투자 초기 단계 또한 농식품모태펀드와 함께하였다. 벤처캐피탈 투자동향을 수집하는 플랫폼인 'THE VC'를 통해 2021년 말 기준으로 농식품, 축산업, 수산업, 음식 산업을 카테고리로 선택하여 누적 투자금액을 [그림2-14]와 같이 산출해 본 결과 총 938건으로 19조 원가량이 투자된 것으로 파악되는데 전체 투자금액인 137조 원 대비 약 14% 가량을 차지하고 있는 것으로 파악된다. 다만, The VC에서 취합된 수치는 명확히 출처가 공개된 자료가 아니라는 단점이 존재하며, 취합된 수치 내에 농식품모태펀드를 통한 수치가 포함될 수 있다는 단점이 존재하지만 농식품기업들이 활약하고 있음을 증명할 수는 있을 것으로 보인다.

[그림2-14] The VC 분석결과

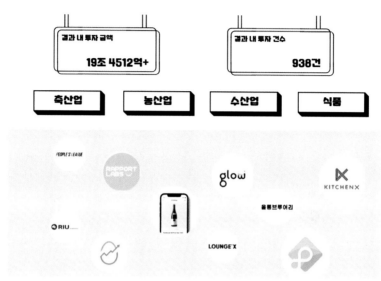

　또 한국벤처투자에서 운용하는 한국모태펀드의 다양한 자펀드들을 통해서도 투자가 이루어지고 있다. '농업' 분야를 별도로 구분하여 통계를 추출하고 있지 않기 때문에 명확한 수치를 파악하기는 어려우나 최근 투자한 주요 키워드를 살펴보면 '간편식 구독서비스', '반려동물 자가검진 키트 및 비문인식 솔루션', '비건치즈', '축산물 유통 및 판매', '건강기능식품 및 마이크로니들 패치 시스템', '반려동물용 IoT로봇', 'AI푸드스캐너', '냉동 식품류', '곤충축산업', '해조류를 이용한 대체육류 개발' 등 농업 분야에 해당하는 키워드가 다양하게 등장하고 있다.

3.3. 투자 우수사례

여기서는 농식품펀드를 통해 투자받은 피투자기업의 대표적인 사례는 어떤 것들이 있으며, 그 투자의 트렌드는 어떻게 변화해 왔는지를 보다 상세히 기술하고자 한다. 스타트업, 비상장기업들이 주를 이루는 벤처시장은 과거부터 자료공개, 정보수집 등의 문제가 존재하였으며 농식품기업들의 큰 애로사항으로도 정보불균형을 꼽고 있다. 투자자의 입장에서 또한 마찬가지이다. 농식품산업이 예로부터 다소 폐쇄적인 조직문화를 가지고 있고 많이 변화하고는 있으나 보조금, 융자에 익숙한 구조적 특징상 '투자'의 의미를 수용하지 못하는 기업들도 여전히 존재한다. 그렇기에 본 연구에서는 농식품기업에서 투자를 통해 성공한 우수한 사례를 상세히 소개하고 본 연구 이후에도 진행될 후행 연구들을 장려하려고 한다. 피투자기업의 사업영역에 따라 각자 우수한 점들이 존재하나 본 연구에서는 대표성, M&A, IPO 성공사례에 초점을 맞추어 언급하고자 한다.

먼저 살펴볼 기업으로는, 명실상부한 농식품펀드의 대표 피투자기업인 '프레시지'이다. 프레시지는 가정간편식(HMR)인 밀키트(MealKit) 식품기업으로 대한민국에 밀키트의 개념을 공급하고 자리 잡게 한 일등공신이다. 프레시지의 대표상품인 밀키트는 한 끼 분량으로 손질된 재료와 양념으로 구성된 식사용 키트로 일반적인 간편식, 인스턴트 음식과는 다른 '간편'과 '요리'의 개념을 결합한 상품이다. 최근 증가하는 1인 가구, 코로나19로 인한 외식문화 감소, 건강에 대한 소비자의 관심 증가 등의 트렌드와 흐름을 같이하여 더욱 성장의 가속을 밟고 있다. 2016년도에 설립된 이후 약 200여 가지의 다양한 제품을 판매하고 있으며 원물부터 제조, 판매까지 전 과정을 계열화하는 밸류체인의 통합으로 밀키트에 최적화된 레시피를 개발하여 품질의 고도화를 이루었다. 또, 농장부터 식탁까지의 과정을 최소화하는 유통모델을 통해 신선식품, 식자재를 강조하였다. 프레시지는 2021년 말 기준 농식품모태펀드 누적 투자액 200억 원으로 가장 많은 금액을 차지하는 기업이기도 하다. 설립 이후 매출과 고용인원은 꾸준히 증가하고 있으며 최근에는 2030세대와 1인 가구가 선호하는 캐주얼 간편식 시장 진출을 위해 '허닭', 건강식 시장 진출을 위해 '닥터키친'과 M&A를 통해 간편식 퍼블리싱 영역을 확장하고 있으며, 투자유치를 통해 별도의 자사 공장을 설립하고 이를 기반으로 독자적인 물류망을 구축하여 B2B 사업도 확장해 나아가고 있다. 시의적절한 전략적 제휴와 외연 확대에 가속도를 밟는 성장전략을 기반으로 식품업계의 유니콘 등극을 앞두고 있는 우수한 투자사례이다.

다음으로 소개할 사례는 국내 수제맥주시장에 변화의 바람을 일으킨 일등공신 '제주맥주'이다. 2015년 설립한 제주맥주는 설립 초기인 2016년 약 10억 원가량의 농식품펀드 투자를 유치하였으며, 누적 규모 20억 원의 투자를 받았다. 설립 1년차 시점에 과감히 투자를 결정하여 제주맥주만의 독자적인 팩토링 라인, 패키징 라인 등 설비시설을 구축하는 데 큰 영향을 미쳤다. '크래프트 맥주의 대중화'라는 비전을 갖고 첫발을 뗀 제주맥주는 브루클린 브루어리의 축적된 기술과 노하우를 전수받아 엄격히 품질을 관리하고, '제주'라는 지역적 브랜드의 장점을 극대화한 2030 맞춤형 마케팅전략을 통해 소비자들과 소통하였으며 그 결과 2021년 코스닥시장 상장에 성공하였다. 상장 후에도 신제품 라인업을 강화하고 해외진출전략을 목표로 사업을 확장하는 등 도전과 노력을 지속하고 있다.

농업 분야의 대표주자로 소개할 기업에는 업종별로 다양한 기업들이 존재하지만, 본 논문에서는 농업 분야의 대표적인 기술 기반 미래산업인 스마트팜을 중심으로 소개하고자 한다. 스마트팜 우수기업에는 농업회사법인 우듬지팜, 엔씽, 그린랩스, 팜에이트, 만나CEA, 성일농장, 한국축산데이터 등 다양한 기업들이 존재하지만 본 연구에서는 '그린랩스'와 '엔씽'을 중심으로 소개하고자 한다. 두 기업은 스마트팜 분야 선두주자로서 그린랩스가 데이터와 플랫폼을 기반으로 하여 데이터농업의 중심에 있다면, 엔씽은 컨테이너형 수직농장을 활용한 정밀농업의 중심에 있다.

2017년 설립한 그린랩스는 2018년 농식품펀드 투자 이후에도 농금원에서 진행하는 투자지원사업에 참여하고 사업설명회(IR) 자리 등에 적극 지원하여 후속투자유치에 성공한 대표적인 기업이다. 농식품모태펀드로부터는 총 76억 원의 투자유치에 성공하였다. 그린랩스는 스마트 농장경영 시스템(SW)을 개발하여 농가에 보급하고, 농작물 재배, 생산량 증대 솔루션, 사물인터넷을 활용한 농가 자동화 관리, 재배작물 시세정보, 작물별 특정시기 과업 알림서비스, 농약과 비료 종자부터 냉난방 관수 등 각종 설비자재 구매 연계서비스 등 농업 전후방과 관련된 다양한 서비스를 개발하고 제공하고 있다. 그린랩스는 첨단기술로 농업을 혁신하여 농업 종사자들의 수익을 극대화시킨다는 비전을 가지고 있으며 4차 산업혁명과 농업을 접목하고 데이터농업의 새로운 지평을 열고자 지속적으로 노력하고 있다. 설립 후 5년 정도밖에 되지 않은 스타트업이지만 최근 시리즈 C 투자유치까지 성공하면서 기업가치가 8,000억 원에 달하여 유니콘기업 등극을 앞두고 있다.

컨테이너 모듈형 수직농장과 사물인터넷(IoT) 기반의 자동화 운영 시스템을 선보이며 등장한 '엔씽'은 CES 최고 혁신상 수상에 빛나는 기술력을 보유하고 있는 대표적인 스마트팜 기업이다. 엔씽은 기술이 집약된 실내 수직농장을 통해 물 사용량을 98%까지 절감하고 토양 오염은 물론 농약과 살충제 사용이 전혀 없는 ESG적 수경재배로 연중 균일한 고품질의 신선하고 깨끗한 채소를 생산, 공급하고 있다. 농식품모태펀드에서는 총 20억 원의 투자를 유치하였으며, 국내 대형마트에도 독점적으로 신선야채를 공급하고 있으며 아랍에미리트 등에 컨테이너 농장을 직접 수출하는 등 국내외에서 다양한 러브콜을 받고 있다. 엔씽은 농업을 미래 첨단산업으로 바라보고 있다. 지구온난화로 인한 농작물 재배환경 변화,

농가인구 비율 감소 등으로 인한 기존 농업의 한계를 극복하고 지속 가능한 먹거리를 공급하는 생태계를 구축하기 위해서는 정보통신기술(ICT)을 농업과 융합하여 농업에 대한 접근 방식을 바꾸어야 한다는 것이 엔씽의 의지이자 비전이다. 언제 어디서나 건강한 양질의 먹거리를 지속적으로 공급하기 위해 노력하고 있는 대표적인 농업기업이다.

정부출자금(공적재원)과
농식품펀드에 대한 고찰

1. 정부출자금(공적재원) 출자 규모 고찰

정책펀드는 정책적으로 중요한 특정 영역에 대한 원활한 자금 공급을 목적으로 각 부처에서 별도 재원을 마련하여 조성하는 펀드를 의미한다. 정책펀드의 가장 기본은 정부가 출자하는 공적재원이라고 볼 수 있다. 부처별 자금을 공급하는 방법은 다양한데 본 연구에서 다루고자 하는 '농림수산식품' 분야는 농림축산식품부와 해양수산부 주도로 출자한 '농림수산식품투자모태조합'이라는 이름의 정책모펀드를 대상으로 한다. 즉, 본 연구에서 의미하는 정부출자금(공적재원)이란 농림축산식품부와 해양수산부가 출자한 자금이다.

농식품모태펀드는 2010년 출범하였는데, 출범 당시 목표는 존속기간 30년, 10년 내 정부출자금 1조 원 달성이었다. 하지만 〈표2-21〉을 통해 확인할 수 있듯 2021년 말 기준 5,367억 원 규모로 그 절반 정도의 수준밖에는 미치지 못하였다. 정부출자재원 추이를 살펴보면 조성 초기인 2010~2015년을 제외하고는 계속해서 감소하거나 유지되는 흐름을 보이고 있다. 특히 2017년~2018년의 낮은 신규예산은 〈표2-22〉의 연도별 자펀드 결성 현황을 통해 확인할 수 있듯이 저조한 출자사업 추진실적과도 연결된다. 정부의 신규 출자재원은 비슷한 수준에 머물렀음에도 불구하고 2020~2021년도는 최고 결성실적을 보여주고 있는데 이는 지난 10여 년간 조성한 펀드들의 회수 수익을 통한 재출자 효과로 보인다.

정책펀드 사업이 다른 기타 금융 관련 정책지원과 구분되는 가장 큰 특징 중 하나는 일회성으로 소비되거나 소진되는 자금이 아니라는 점이다. 정부의 재원을 근간으로 하여 투자된 금액은 약 8~10년의 기간 동안 성공적으로 펀드를 운용한 후 다시 펀드에 회수된다. 투자는 결국 회수로 이어지고 이렇게 회수된 금액은 다시 펀드를 조성하기 위해 출자된다. 〈표2-22〉를 보면 알 수 있듯 정부가 출자한 총 금액인 8,614억 원에서 순수 정부 신규 출자재원인 5,367억 원을 제외한 3,247억 원이 모태펀드로 회수되어 재출자가 이루어진 자금이다. '투자-회수-재출자'로 이어지는 선순환 투자 생태계의 조성을 보여주는 바람직한 모습으로 해석된다. 그러나 회수재원 또한 결국 신규로 유입되는 자금이 기본이 되어야 증가의 속도와 규모가 상이하게 나타난다. 회수재원을 통한 재출자와 함께 정부의 신규 출자가 병행될 경우 시장의 많은 관심뿐만 아니라 농식품벤처시장의 정착과 활성화에도 많은 영향을 줄 것으로 기대된다.

<표2-21> 농식품모태펀드 정부출자(공적출자재원) 현황

(단위: 억 원)

구분	'10	'11	'12	'13	'14	'15	'16	'17	'18	'19	'20	'21	계
농어촌 구조 개선 특별회계	507	–	–	–	–	–	–	–	–	–	–	–	507
농산물가격 안정기금	(90)*	500	500	500	600	–	–	–	–	–	–	–	2,100
자유무역 협정이행 지원기금	–	–	–	–	–	500	300	200	100	200	350	400	2,050
수산발전 기금	–	–	–	–	100	100	100	100	100	70	70	70	710
농업정책 보험금융원	0.3	–	–	–	–	–	–	–	–	–	–	–	0.3
계	507.3	500	500	500	700	600	400	300	200	270	420	470	5,367.3

* 2018년 농안기금 90억 원의 반납 완료

※ 출처: 농업정책보험금융원(2021) 제공

<표2-22> 농식품모태펀드 연도별 자펀드

(2021년 말 누적, 단위: 억 원)

사업연도	모태펀드(정부)	민간	총계
2010년	547	623	1,170
2011년	495	545	1,040
2012년	540	460	1,000
2013년	510	390	900
2014년	790	500	1,290
2015년	700	510	1,210
2016년	1,040	615	1,655
2017년	700	470	1,170
2018년	520	355	875
2019년	745*	585.5	1,330.5
2020년	980	827	1,807
2021년	1,047	886.4	1,933.4
합 계	8,614	6,766.9	15,380.9

* 2019년도 한국모태출자분(122.5억)포함

※ 출처: 농업정책보험금융원(2021) 제공

스타트업을 키우는 농림수산식품 모태펀드

2. 농식품모태펀드 조성 규모 고찰

정책펀드 조성의 시작은 위에서 언급한 대로 공적재원인 정부 출자금이다. 정책펀드의 목적과 사업의 효과성은 이 같은 공적재원을 기반으로 민간자금을 얼마나 유인해 오느냐에 있다. 벤처투자시장이 아직까지 공적재원을 중심으로 형성되어 있는 건 시장의 성숙도가 높지 않고 다양한 리스크들이 존재하기 때문이라는 이유도 있지만 시장 자체가 진입하기에 충분히 매력적이지 않은 저성장에 머물러 있기 때문이라고도 볼 수 있다. 자금 유입 없이는 시장이 성장할 수 없기 때문에 이러한 성장의 시발점이 되어 주는 역할을 정부출자금이 수행하는 것이다.

〈표2-22〉와 〈표2-23〉을 통해 농식품모태펀드의 연도별 세부 결성 현황을 살펴보면 연도별 민간출자 현황을 파악할 수 있다. 연도별로 꾸준한 추이를 보이다가 2018년도에 급격히 하락하였고 2021년 역대 최대금액인 886억 원을 유치하였다. 또 대체적으로 정부출자금액에 따라 변동됨을 확인할 수 있다. 이는 아직까지 민간자금이 자생적으로 유입되기보다는 정책자금을 기반으로 한 레버리지 효과가 야기된다는 뜻으로 해석되기도 한다.

〈표2-23〉 농식품모태펀드 연도별 세부결성 현황

(2021년 말 기준, 단위: 억 원)

사업 연도	형태	투자 분야		운용사	펀드 결성 규모		
					모태	민간	총계
2010	농식품 투자조합	농식품일반		MG인베스트먼트㈜	90	110	200
		농림축산업		아주아이비투자㈜	100	100	200
		식품산업		미시간벤처캐피탈㈜	100	150	250
	기관전용 사모집합 투자기구	8대프로젝트		KB증권㈜, 유안타인베스트먼트㈜	157	163	320
	수산 투자조합	수산업		캐피탈원㈜	100	100	200
	소계				547	623	1,170
2011	농식품 투자조합	농림축산업		㈜에스비인베스트먼트	100	100	200
				컴퍼니케이파트너스㈜	100	100	200
		식품산업		나우아이비캐피탈㈜	80	120	200
				㈜솔리더스인베스트먼트	80	90	170
		8대프로젝트		미래에셋벤처투자㈜	100	100	200
	수산 투자조합	수산업		㈜유니창업투자	35	35	70
	소계				495	545	1,040
2012	농식품 투자조합	농림축산업		미래에셋벤처투자㈜	80	80	160
				㈜안강벤처투자	80	80	160
		식품산업		KDB캐피탈㈜	80	80	160
				나우아이비캐피탈㈜	80	80	160
		특수 목적	소형 프로젝트	유큐아이파트너스㈜	70	30	100
				㈜이앤인베스트먼트	70	30	100
	수산 투자조합	수산업		엘앤에스벤처캐피탈㈜	80	80	160
	소계				540	460	1,000

사업 연도	형태	투자 분야		운용사	펀드 결성 규모		
					모태	민간	총계
2013	농식품 투자조합	농림축산식품업		메가인베스트먼트㈜	75	75	150
				유안타인베스트먼트㈜	75	75	150
				㈜세종벤처파트너스	75	75	150
		특수 목적	소형 프로젝트	㈜솔리더스인베스트먼트	70	30	100
				미시간벤처캐피탈㈜	70	30	100
			6차산업화	엘앤에스벤처캐피탈㈜	70	30	100
	수산 투자조합	수산업		아이디벤처스㈜, ㈜IBK캐피탈	75	75	150
	소계				510	390	900
2014	농식품 투자조합	농림축산식품업		㈜이앤인베스트먼트	140	150	290
				현대기술투자㈜	50	50	100
				나우아이비캐피탈㈜	60	60	120
				㈜에스제이투자파트너스	50	50	100
		특수 목적	소형 프로젝트	메가인베스트먼트㈜	70	30	100
			R&D	㈜세종벤처파트너스	70	30	100
			6차산업화	㈜센트럴투자파트너스	70	30	100
			수출 Agroseed	㈜세종벤처파트너스 AJ캐피탈파트너스㈜	90	40	130
				컴퍼니케이파트너스㈜	90	10	100
	수산 투자조합	수산업		캐피탈원㈜	100	50	150
	소계				790	500	1,290

사업연도	형태	투자 분야		운용사	펀드 결성 규모		
					모태	민간	총계
2015	농식품 투자조합	농림축산식품업		㈜타임와이즈인베스트먼트	100	100	200
				유티씨인베스트먼트㈜	120	120	240
		특수목적	소형프로젝트	㈜에스비인베스트먼트	70	30	100
			6차산업화	㈜에코캐피탈, 엠지인베스트먼트	70	30	100
			수출	AJ캐피탈파트너스㈜	70	30	100
			창업 아이디어	㈜디티앤인베스트먼트	70	50	120
	기관전용 사모집합 투자기구	농림축산식품업		농협은행(주) NH투자증권(주)	100	100	200
	수산 투자조합	수산업		캐피탈원㈜	100	50	150
	소계				700	510	1,210
2016	농식품 투자조합	농림축산식품업		이후인베스트먼트 지앤텍벤처투자	180	245	425
				지앰비인베스트먼트 마이다스동아인베스트먼트	180	150	330
		특수목적	스마트팜	스마일게이트 인베스트먼트	160	40	200
				유큐아이파트너스(주)	120	30	150
				CKD창업투자	120	30	150
			6차산업화	㈜블루그린인베스트먼트	70	30	100
			수출	포스코기술투자㈜	70	30	100
	수산 투자조합	수산업		대성창업투자㈜ 수림창업투자㈜	140	60	200
	소계				1,040	615	1,655

스타트업을 키우는 농림수산식품 모태펀드

사업 연도	형태	투자 분야		운용사	펀드 결성 규모		
					모태	민간	총계
2017	농식품 투자조합	농림축산식품업		나우아이비캐피탈㈜	100	100	200
				KB증권㈜, KB인베스트먼트㈜	100	100	200
				시너지IB투자	50	50	100
		특수 목적	ABC	㈜디티앤인베스트먼트, NH농협캐피탈㈜	140	80	220
				마그나인베스트먼트㈜	140	60	200
			6차 산업화	㈜패스파인더에이치	70	30	100
	수산 투자조합	수산업		포스코기술투자㈜ ㈜농심캐피탈	100	50	150
	소계				700	470	1,170
2018	농식품 투자조합	농림축산식품산업		㈜디티앤인베스트먼트, NH농협캐피탈㈜	90	110	200
		특수 목적	농식품 벤처	미시간벤처캐피탈㈜	100	25	125
			지역 특성화	AJ캐피탈파트너스㈜, ㈜이수창업투자	40	60	100
			세컨더리	나우아이비캐피탈㈜	120	80	200
			6차 산업화	㈜킹고투자파트너스	70	30	100
	수산 투자조합	수산업		KB증권㈜, KB인베스트먼트	100	50	150
	소계				520	355	875
2019	농식품 투자조합	농림축산식품업		㈜UTC인베스트먼트, ㈜나이스에프엔아이	115	115	230
		특수 목적	농식품벤처	㈜타임와이즈인베스트먼트	100	25	125
			마이크로	㈜동문파트너즈	50	12.5	62.5
				㈜동훈인베스트먼트	50	13	63
			ABC	㈜현대기술투자	70	30	100

사업연도	형태	투자 분야		운용사	펀드 결성 규모		
					모태	민간	총계
2019	기관전용 사모집합 투자기구	농림축산식품업		㈜농협은행, ㈜나우아이비캐피탈	115	285	400
	한국벤처 투자조합	수산업		아이디벤처스㈜	140 (70)	60	200
	창업 투자조합	수산업		㈜농심캐피탈, ㈜마이다스동아인베스트먼트	105(52.5)	45	150
	소계				745	585.5	1,330.5
2020	농식품 투자조합		농림축산식품업	롯데액셀러레이터	50	102	152
		특수 목적	농식품 벤처	마그나인베스트먼트	100	30	130
				엔에이치벤처투자	100	30	130
			마이크로	인라이트벤처스	50	15	50
			징검다리	세종벤처파트너스, 대성창업투자	150	70	220
			지역 특성화	이수창업투자	50	60	110
			영파머스	나이스투자파트너스	90	10	100
	기관전용 사모집합 투자기구	농림축산식품업		㈜농협은행, ㈜나우아이비캐피탈	150	450	600
	수산 투자조합	특수 목적	수산벤처	가이아벤처파트너스(유)	120	30	150
				비엔케이벤처투자	120	30	150
	소계				980	827	1,792

사업 연도	형태	투자 분야	운용사	펀드 결성 규모		
				모태	민간	총계
2021	농식품 투자조합	농림축산식품산업	현대기술투자	90	120	210
			㈜시그나이트파트너스	90	92	90
		농식품벤처	메가인베스트먼트㈜	100	25	125
			동훈인베스트먼트㈜	80	20	100
		마이크로	㈜동문파트너즈	52	13	52
		스마트농업	BNK벤처투자㈜	105	45	105
		그린바이오	마그나인베스트먼트㈜	90	60	90
		영파머스	㈜패스파인더에이치	90	15	90
2021	신기술 투자조합	세컨더리	포스코기술투자 &메타인베스트먼트	120	400	120
	벤처 투자조합	창업보육	씨엔티테크 주식회사	50	21.4	50
	수산 투자조합	수산일반	IDV-IP 수산 전문투자조합3호	100	50	100
		수산벤처	엔브이씨 2021 수산벤 처투자조합	80	25	2,101
소계				1,047	886.4	3,233
합계				8,614 (8,492)	6,776.9	15,380.9

※ 출처: 농업정책보험금융원(2021) 제공

처음 출범한 2010년도와 비교하면 현재 농식품모태펀드에 대한 민간투자자들의 관심, 또 그로 인한 농식품기업 투자에 대한 관심도가 많이 상승했다는 것 또한 점차 증가하는 수치로 확인할 수 있다. 본 연구에서는 농식품모태펀드의 정부출자금뿐 아니라 민간자금을 포함한 전체 출자금(공적+민간재원)의 확대에 대한 인식의 증가가 미치는 영향에 대하여도 분석하여 펀드 규모의 전체적인 확대가 필요함을 고찰하고자 한다.

3. 농식품모태펀드 특수목적펀드 조성 현황 고찰

농식품모태펀드는 크게 두 가지 분야로 구분하여 출자사업을 진행한다. 「농림수산식품투자조합 결성 및 운용에 관한 법률」 제3조에 해당하는 농식품경영체에 투자하는 '일반' 분야와 제3조에 해당됨과 동시에 개별 규약에 명시한 특수한 주목적 분야에 투자하도록 유인하는 '특수목적'펀드로 구분된다. 특수목적펀드는 투자대상의 범위가 더 한정적인 만큼 일반펀드와 비교하여 정부출자비율이 다소 높고 기준수익률이 낮은 특징이 있다. 최근에는 농식품 분야에 대한 시장의 관심도가 증가함에 따라 다양한 특수목적펀드들이 등장하고 있다. 적극적인 육성이 필요한 유망 분야에 투자하기 위해 조성하기도 하는 반면, 투자에 소외된 특정한 분야에 투자를 유인하기도 하고, 스타트업 기업의 성장단계에 맞는 펀드를 만들기도 한다. 정책펀드로서 특정 산업을 균형 있게 육성해야 하는 사명을 가지고 있는바 특수목적펀드의 조성은 꼭 필요한 부분이다.

　〈표2-24〉는 2021년 말까지 조성한 특수목적펀드의 주목적 투자대상에 관한 정의인데, 총 20개의 특수목적펀드 종류가 다양하게 존재함으로써 분야별 균형 있는 발전과 민간투자 효과를 유인하고 있다. 과거에는 소형프로젝트, 6차산업화, R&D, 수출 펀드 등이 주로 조성되었으나 2016년부터는 스마트팜기업에 투자하는 스마트팜펀드가 처음 등장하였다. 이후 농식품 분야의 벤처창업혁신기업에 투자하는 '농식품벤처펀드', 또 특정 지역 지자체와 공동으로 출자하여 지역투자를 견인하는 '지역특성화 펀드', 중간회수시장 활성화를 위해 구주매입 및 LP지분 유동화를 주목적으로 하는 '세컨더리 펀드', 창업 초기 경영체에 소액(5억 원 이내)으로 투자하는 '마이크로 펀드', 그린바이오 5대산업에 균형 있게 투자하는 '그린바이오 펀드', 스마트팜과 탄소중립 분야에 투자하는 '스마트농업펀드', 1차농산업을 영위하는 만 49세 이하 청년농에 투자하는 '영파머스 펀드' 등 다양한 종류와 목적을 가진 특수목적펀드를 조성함으로써 투자 소외 분야가 발생하지 않도록 하고 균형 있는 발전을 견인하고자 하며, 나아가 집중적인 육성이 필요한 분야에 추진력을 부여하고자 노력하고 있다.

〈표2-24〉 특수목적펀드 투자대상

구분	투자대상
8대프로젝트	8대 산업* 분야에 해당하는 농식품경영체에 투자 * ① 대규모농어업회사 ② 첨단유리온실 ③ 식품클러스터 ④ 농림수산식품 R&D ⑤ 종자종묘산업 ⑥ 염산업 ⑦ 한식세계화 ⑧ 원양어선 신조
소규모경영체	연매출 30억 이하의 농림수산식품경영체(신설 농식품경영체 포함)
6차산업	농촌에 존재하는 모든 유·무형의 자원을 바탕으로 타 산업(2·3차산업)과의 융복합을 도모하거나 산업적 고도화를 추구하여 새로운 부가가치를 창출하는 농식품경영체
수출	국내산 신선 농·임산물 및 가공식품을 해외에 수출하려는 농식품경영체
R&D	농림축산식품산업 관련 국가연구개발사업을 통해 도출된 결과물을 이전받아 사업을 영위하려는 농식품경영체 및 자체적으로 사업화하려는 농식품경영체
AgroSeed	R&D 기술 또는 새로운 비즈니스 모델의 도입, 타 산업과의 융·복합, 경영혁신, 사업의 기업화 등을 계획하여 새로운 가치창조를 모색하는 사업준비단계 또는 개시 후 1년 미만의 농식품 농식품경영체로서, 투자대상으로 선정되어 해당 보육 시스템을 이수한 업체
창업아이디어	① R&D 기술 또는 새로운 비즈니스 모델의 창출로 가치창조를 모색하는 사업준비단계 또는 사업개시 후 3년 미만의 보육 시스템 이수완료 벤처창업인* * 대표자가 만 39세 이하이거나, 만 29세 이하 임직원 비중이 50% 이상 ② 농업기술실용화재단에서 확인한 우수기술 보유 경영체
스마트팜	농림축산업에 ICT를 접목하거나 시설신축 및 현대화를 통해 생산성 향상 및 품질제고를 도모하(려)는 경영체 및 관련 장치 및 시스템을 개발·유통 및 판매하는 기업
ABC	농수산식품투자조합법 제3조, 시행령 제3조 및 시행규칙 제2조의 규정에 의한 농식품경영체 중 농림축산식품 분야 사업을 영위하(려)는 경영체

스타트업을 키우는 농림수산식품 모태펀드

구분	투자대상
농식품벤처	비즈니스 모델 등을 활용해 농업분야 가치창조를 모색하는 아래의 조건 중 하나를 충족하는 농식품경영체* * ① 농업계열 고교 및 농식품계열 대학 졸업자가 대표자, 최대주주이거나, 등기임원 중 2인 이상, ② 대표자가 만 39세 이하이거나, 만 39세 이하 임직원 비중이 50% 이상, ③ 사업준비단계 또는 사업개시 후 3년 미만, ④ 스마트팜 보육센터 수료생이 창업한 스마트팜
지역특성화	출자 지자체 내 본점 또는 주된 사무소의 소재지를 두고 있는 농식품경영체
세컨더리	농식품경영체에 투자된 투자지분 중 투자조합 청산시기까지 회수하지 못한 투자 지분을 매입 또는 농식품모태펀드로부터 출자받은 자펀드의 지분매입
마이크로	사업준비단계 또는 사업개시 후 5년 미만 농식품경영체
징검다리	기존 농식품펀드 투자업체 중 고용인원이 증가하였거나, 고용인원 증가가 기대되는 경영체에 후속 투자
영파머스	농축산 1차 생산에 종사하는 청년창업농, 후계농 선발자, 7년 미만 창업 초기 농업법인에 투자
그린바이오	그린바이오 5대 산업(마이크로바이옴, 대체식품·메디푸드, 종자산업, 동물용의약품, 기타 생명소재)을 영위하는 경영체
스마트농업	ICT 및 각종 첨단기술과 농업 생산을 비롯해 농업 밸류체인(생산준비단계, 생산, 유통 등) 전반을 접목한 농업의 스마트화를 선도할 경영체 및 혁신기술을 활용해 농업 분야 탄소저감 효과를 가져올 수 있는 경영체
창업보육	농림수산식품투자조합 결성 및 운용에 관한 법률 제3조, 시행령 제3조 및 시행규칙 제2조의 규정에 의한 농림수산식품경영체로서 벤처·창업지원 * 수혜 경영체에 3억 원 이내로 투자 * 농식품벤처·창업 활성화 지원사업 또는 청년식품창업Lab 사업을 통해 초기 창업보육을 거친 창업 7년 이내 농식품기업

구분	투자대상
수산벤처	농림수산식품투자조합 결성 및 운용에 관한 법률 제3조, 시행령 제3조 및 시행규칙 제2조의 규정에 의한 농림수산식품경영체 중 수산업, 수산식품 분야 사업을 영위하(려)는 경영체 또는 수산업 관련 업무에 종사하는 자, 원양산업자 및 수산 관련 R&D에 종사하는 자로, 다음 중 하나의 요건을 충족하는 수산경영체

※ 출처: 농업정책보험금융원(2021) 제공

또 〈표2-25〉에서는 일반펀드, 특수목적펀드별로 구분하여 현재까지 조성된 펀드 현황을 살펴볼 수 있는데 ABC펀드, 농식품벤처펀드, 마이크로펀드가 특수목적펀드 중에서는 가장 많이 조성되었으며 시장에서도 인기를 얻고 있다. 또 2020년도부터는 일반펀드보다 특수목적펀드를 더 많이 조성하며 정책펀드로서의 다양한 목적을 균형 있게 달성하기 위해 노력하고 있는 것으로 보인다. 본 연구에서는 이러한 특수목적펀드의 조성이 일반펀드보다 농식품 기업의 성장에 더 유의미한 영향을 미치는지에 대하여 연구하고자 한다.

〈표2-25〉 펀드 유형별 출자 현황

(2021년 말 기준, 단위: 억 원)

구분			'10	'11	'12	'13	'14	'15	'16	'17	'18	'19	'20	'21	계
농식품		일반	3	4	4	3	4	3	2	3	1	2	2	2	33
	특수목적	소형프로젝트	–	–	2	2	1	1	–	–	–	–	–	–	6
		8대사업	1	1	–	–	–	–	–	–	–	–	–	–	2
		6차산업화	–	–	–	1	1	1	1	1	1	–	–	–	6
		R&D	–	–	–	–	–	1	–	–	–	–	–	–	1
		수출	–	–	–	–	1	1	1	–	–	–	–	–	3
		애그로씨드	–	–	–	–	–	1	–	–	–	–	–	–	1
		창업아이디어	–	–	–	–	–	–	1	–	–	–	–	–	1
		스마트팜	–	–	–	–	–	–	–	3	–	–	–	–	3
		ABC	–	–	–	–	–	–	–	2	–	1	–	–	3
		농식품벤처	–	–	–	–	–	–	–	–	1	1	2	2	6
		지역특성화	–	–	–	–	–	–	–	–	1	–	1	–	2
		세컨더리	–	–	–	–	–	–	–	–	1	–	–	–	1
		세컨더리 (lp지분)	–	–	–	–	–	–	–	–	–	–	–	1	1
		마이크로	–	–	–	–	–	–	–	–	–	2	1	–	4
		징검다리	–	–	–	–	–	–	–	–	–	–	1	–	1
		영파머스	–	–	–	–	–	–	–	–	–	–	1	1	2
		그린바이오	–	–	–	–	–	–	–	–	–	–	–	1	1
		스마트농업	–	–	–	–	–	–	–	–	–	–	–	1	1
		창업보육	–	–	–	–	–	–	–	–	–	–	–	1	1
		소계	4	5	6	6	9	7	7	6	5	6	8	10	79
수산		일반	1	1	1	1	1	1	1	1	1	2	–	1	12
	특수목적	수산벤처창업	–	–	–	–	–	–	–	–	–	–	2	1	3
		소계	1	1	1	1	1	1	1	1	1	2	2	2	15
총계			5	6	7	7	10	8	8	7	6	8	10	12	94

※ 출처: 농업정책보험금융원(2021) 제공

농식품벤처시장 인식 및 농식품기업 성장 고찰

1. 벤처캐피탈의 농식품투자 관심도에 대한 고찰

　농식품 분야에 대한 벤처캐피탈의 관심도는 다양한 요소들을 통해 분석할 수 있지만 즉각적인 반응을 가장 크게 알 수 있는 것은 단연 농업정책보험금융원에서 추진하는 농식품모태펀드 출자사업에 대한 지원 경쟁률로 판단할 수 있다. 결성 첫해였던 2010년도를 제외하고는 특히 매년 선정 사의 개수가 증가해 감에도 불구하고 경쟁률이 지속적으로 높아지는 것은 시장의 관심도가 높아진다는 방증이기도 하다. 〈표2-26〉을 통해 보면 역대 최저 경쟁률이였던 2015년도에 비하여 매년 경쟁률은 상승하고 있으며 개별 펀드 경쟁률을 살펴보아도 2021년 농식품벤처펀드와 그린바이오펀드가 4대 1, 스마트농업펀드와 영파머스펀드가 3대 1을 기록하였다.

투자관리전문기관 농업정책보험금융원 출자사업 담당팀의 인터뷰를 통해서도 같은 답변을 얻었다. 특히 2020년부터는 신규운용사의 문의가 증가하고 있고 출자사업 시 문의량도 증가하였으며 펀드 조성을 희망하는 운용사의 방문도 꾸준히 증가하고 있다고 한다. 과거에는 농금원이 직접 찾아가서 운용사의 참여를 독려하였던 반면 현재는 스스로 문을 두드리는 벤처캐피탈이 더욱 증가하고 있다고 한다.

〈표2-26〉 최근 7개년 출자사업 경쟁률 현황

연도	신청사	선정사	경쟁률	선정확률
2015	11	8	11:8	73%
2016	26	8	26:8	31%
2017	15	7	15:7	47%
2018	11	6	11:6	55%
2019	16	8	16:8	50%
2020	27	10	27:10	37%
2021	31	12	31:12	39%

※ 출처: 농업정책보험금융원(2021) 제공

2. 농식품기업 성장에 대한 고찰

스타트업과 창업기업의 성장을 측정하는 방법에는 다양한 분석방법과 도구들이 존재할 것이다. 또한 기업 성장의 원인이 비단 '투자'에만 있다고 볼 수 없는 것도 사실이다. 오진섭(2017) 연구에 따르면 벤처캐피탈의 본질적인 기능에 투자뿐 아니라 피투자기업의 기업가치 상승을 위한 노력도 포함되어 있기 때문에 벤처캐피탈의 투자가 피투자기업의 경영성과에 상당 부분 유의미한 영향을 미칠 것으로 보고 있다. 특히 벤처캐피탈이 투자한 기업은 그렇지 않은 기업에 비해 기술혁신의 성과가 더 높은 연구결과가 확인되고 있으며 벤처캐피탈의 자금적, 비자금적 지원을 활용하여 피투자기업들이 내부 역량을 더욱 높이고 전문지식 네트워크에 접근성이 높아지는 등의 긍정적인 영향이 더 많다고 보인다. 이와 같은 벤처캐피탈 투자와 기업의 성장 관계에 관한 연구는 1990년대 이후 매우 활발하고 다양하게 이루어졌지만 다양하게 고려해야 하는 외부환경요소들이 존재하며 이 또한 시시각각 변화하고 있어 명확하게 규정짓기는 어렵다.

그렇기에 본 연구에서는 농식품모태펀드 투자관리전문기관인 농금원에서 법적 근거하에 매년 실시하고 있는 '운용성과평가' 보고서의 주요 지표들에 착안하여 '성장'의 지표를 설정하였다. 먼저 성장의 가장 초석이 되는 지표는 농식품기업에 대한 투자금액으로 설정하였다. 투자금액의 증가가 곧 농식품기업의 성장으로 연결된다는, 다소 추상적이지만 직관적인 개념을 적용하였다. 다음으로는 기업 자체의 성장을 재무적 성장과 비재무적 성장으로 구분하여 설명하고자 한다. 농식품모태펀드 운용성과평가 보고서에서는 정책관점의 계량지표로 매출액 증가율과 고용인원 증가율을 농림수산식품 분야 투자지원 강화의 목적하에 설정하고 있다. 정책펀드의 특성상 매출액과 고용인원은 가장 기본적으로 수집하는 자료이자 지표로 본 연구에서도 성장의 척도를 매출액 증감률과 고용인원 증감률의 유무로 설정하려 한다.

벤처캐피탈 투자기업 성과에 관한 연구를 진행한 이광용(2017) 연구에 따르면 연구분석결과 벤처캐피탈의 지원 여부에 따른 피투자기업의 성과 차이는 분석 지점별로 차이가 있는데, IPO 시점을 포함하여 이전 2개년 동안은 벤처캐피탈의 지원을 받은 기업의 성과가 그렇지 않은 기업보다 더 높게 나오는 것을 확인하였다. 국내 벤처 생태계를 활성화하고 글로벌 경쟁력을 갖춘 벤처기업을 육성하기 위해서는 성장궤도에 오르기까지 벤처캐피탈의 역할이 중요하다고 보이는 결과로 해석할 수 있다.

선행연구

1. 선행 연구 분석

과거의 농업환경은 지역사회를 중심으로 한 자급자족 문화를 기반으로 다소 폐쇄적이었으며 농경을 중심으로 한 재배, 경작, 수확 등의 프로세스가 주를 이루었다. 그러나 고도화된 경제발전을 비롯하여 3차, 4차 산업혁명의 격변하는 시대의 흐름에 발맞추어 농업에서도 혁신적인 변화가 시작되었다. 전통농업을 중심으로 농업 전후방 산업이 산업화를 이루고 있으며, 농산물의 가공, 유통, 수출입 등 기업화를 이루고 있다. 이러한 변화와 함께 이루어진 주요한 움직임은 농업·농촌 창업이다. 귀농·귀촌은 최근 젊은 세대 사이에서도 관심도 높은 키워드로 주목받고 있으며, 각종 정부지원사업들이 쏟아지고 있다.

농산업 전반에 걸친 변화에도 불구하고 2000년대 들어서 발효

된 FTA 협상으로 인한 시장 개방, 영세한 영농 규모, 농가인구 고령화 등으로 농촌경제 활력이 저하되었는데 이를 극복하기 위해 농업·농촌에도 창조경제의 바람이 불었다. 농업의 6차 산업화, 스마트팜, 농업R&D, 농업 생명공학, 농업 과학기술 융복합 등 미래농업의 가능성이 열렸으며, 자연스럽게 농식품벤처기업들이 등장하였다. 농식품모태펀드 또한 이와 같은 흐름 속에서 태동하였다. 한국 벤처캐피탈시장의 관심과 성장 속에서 살아남기에 농업은 다소 후순위에 위치해 있었고, 전통적인 농업금융의 특성상 비중이 보조금과 융자에 초점이 맞추어져 있었기 때문에 '투자'의 개념이 성공적으로 시장에 자리하기 위해서는 정책펀드와 정부출자금의 역할과 영향이 필요했다. 이처럼 특정 산업의 활성화를 위해 필요한 정부의 역할과 그 상관관계에 대한 분석이 이루어진 선행연구들은 〈표2-27〉과 같이 존재한다.

주요 선행연구자료로 선정한 것은 한국 벤처캐피탈의 창업 초기기업 투자에 관한 연구를 공적 재정지원 효과를 중심으로 분석한 이종훈(2018)의 논문이다. 벤처캐피탈의 창업 초기기업 투자행태와 이에 대한 공적재원(정부출자금)이 미치는 영향에 대하여 탐색한 본 연구는 벤처캐피탈 본연의 역할이 충실히 이행되고 있는지 알아봄과 동시에 벤처투자 생태계 육성을 위한 정책적 함의를 도출하는 데 그 목적을 두고 실행되었다. 중소기업창업투자회사 전자공시와 벤처캐피탈 심사역 심층 인터뷰를 통해 총 세 가지 결론을 도출하였다.

첫째, 한국 벤처캐피탈시장은 정책 전환에 따른 과감한 공적재원 공급으로 인하여 큰 양적 성장을 이루었다. 특히 정책적 목적성이 반영된 창업 초기펀드는 더욱 급격한 확대를 이루었고 이는 초기기업에 대한 투자 규모와 투자 비중의 증가에도 영향을 미친 것으로 분석되었다. 둘째, 정부의 재정지원이 창업 초기기업 투자에 미치는 영향에 대하여 '정책유도 효과', '투자금의 규모의 경제효과', '투자금의 자본비용 완화 효과' 등으로 이론적 고찰을 진행하였다. 창업초기 전용 펀드 조성 등의 정부 주도적 출자가 초기기업에 대한 투자를 유도하는 효과를 가짐을 밝혔다. 또한, 정부재원의 창업 초기기업 투자 유도 효과는 그 지원 규모가 계속 증가할수록 오히려 감소하여 서로 역 U자 관계를 보일 것이라는 추론은, 특정 기간 (정책 전환 이전)에 대해서만 부분적으로 확인되었다. 셋째, 한국 벤처투자 시장에서 초기기업들이 겪는 자본갭 현상에 대해서 질적 연구를 통한 학문적인 접근을 최초로 시도하였고 그 결과 벤처투자 시장에서 창업 초기기업에 대한 투자자본 공급 환경에 여전히 자본부족이 적지 않게 존재하나, 역량 있는 기업들을 중심으로 확연히 개선되었다는 사실을 확인하였다.

상기 연구들을 통해 벤처투자시장 활성화를 위한 정책적 지원 (정부재원)이 상당히 효과적이었다는 것을 알 수 있다. 본 연구에서는 이러한 선행연구의 시사점에 착안하여 농식품 분야 투자에 특화된 농식품모태펀드의 조성을 통한 정책적 지원이 농식품기업에 대한 투자 활성화와 나아가 기업의 성장에 어떠한 영향을 미치는지에 대하여 본 선행연구의 초기기업 전용펀드 투자가 미치는 영향분석 연구에 착안하여 논하고자 한다.

　배철민(2020)은 농업벤처에 대한 저조한 관심을 타개하기 위해 농산업 현황 및 실증분석을 통해 농업기업이 자본시장을 활용하기 위해 갖추어야 할 핵심역량 등에 대하여 유의미한 정책제안을 하는 데 목적을 두었다. 농업혁명 등을 통해 농업은 비약적인 발전을 이루었지만, 여전히 타 산업 대비 특수한 성격이며 성장이 다소 둔화하여 있다. 이를 타개하는 데 필요한 것이 농업벤처의 자본시장 활용이라고 분석하였으며 이를 위해 네 가지 항목의 고려가 필요하다고 제시하였다. 첫째, 농림수산식품투자조합 투자대상 사업 분야에 해당하는지, 둘째, 한국거래소 상장요건을 충족하여 상장할 수 있는지, 셋째, 영위 사업이 시장에서 유망하게 평가받는 사업 분야인지, 그리고 마지막으로 투자를 유치하거나 한국거래소 상장을 위한 사업계획과 관련 자료들이 준비되었는지 등이다. 이 같은 연구결과 투자유치를 위한 기업의 핵심역량을 확보하고 경쟁력 있는 농업벤처 사업의 구상이 필요함을 확인하였다. 본 연구에서는 이 같은 연구를 기반으로 하여 농업벤처창업시장과 농업금융시장의 구조와 향후 나아갈 방향성을 착안하기로 하였다.

　또 다른 연구로는 박중건(2016)이 국내 벤처투자의 투자성과 측정을 위한 다양한 방법들에 대한 선행연구 분석을 통해 성과측정 방법과 방향에 대하여 제시하였다. 국내 벤처펀드의 투자성과 측정방법에는 업계에서 널리 통용되고 있는 IRR, Multiple(수익배수) 등이 있는데 이러한 지표를 사용하여 국내 벤처펀드의 투자성과에 영향을 준 변수들을 펀드 자체의 특성, 운용 주체의 특성, 그리고 펀드 운용시장 상황의 특성으로 나누어 살펴보았다. 먼저, 펀드 크기에 대해서는 펀드 크기가 커짐에 따라 투자성과가 좋게 나오는 결과를 얻었으며, 투자유형별 성과는 IT 분야가 가장 우수하다는 것을 알 수 있었다. 펀드 운용 기간의 경우 전체적으로 3~5년 사이 펀드가 수익성이 좋은 것으로 나타났다. 투자대상 또한 일반펀드가 특수목적펀드에 비해 투자성과가 좋은 것으로 나타났다. 벤처캐피탈의 유형에 대한 투자성과에는 유의적인 차이는 발견되지 않았고 펀드 결성 시점과 청산 시점에 시장 상황이 미치는 영향에 대한 가설은 지지되지 않았다. 펀드 기간에 대해서도 장기 운용보다는 단기 운용성과가 더 좋다는 것이 발견되었다. 본 연구에서는 선행연구에서 논한 펀드 크기에 따른 투자성과 영향도 등의 방향성을 참고하기로 한다.

이연옥(2013)은 모태펀드 문화계정을 중심으로 뮤지컬산업 투자 활성화 방안을 연구하였으며, 산업 활성화를 위한 한국모태펀드의 역할과 문제점 등을 분석하여 뮤지컬 산업의 안정적 성장과 균형발전을 견인하기 위한 투자 방향을 제시하였다. 국내 투자산업에서 뮤지컬 산업에 투자가 이루어지는 비중은 매우 미미하여 투자환경이 아직 성숙하지 못했으며 정책자금 형태인 '모태펀드'를 통한 제도적 변화와 시장 조성이 필요하다는 것이 본 연구의 의 의이다. 결론적으로 제도적으로는 모태출자금 확대와 펀드의 대형화, 수익형과 지원형 모태조합으로 펀드를 세분화하여 모태출자비율과 투자의무비율을 차등 적용하는 것, 관리수수료와 성과보수의 인상, 우선손실충당금 설정의 방안을 제시하는 것 등이 필요하다는 것이다. 농식품산업 또한 산업적 특수성이 존재하고 이를 고려한 정책적 방향성과 육성지원전략이 필요하다는 점은 뮤지컬 산업과 유사하다고 볼 수 있다. 이에 해당 산업 분야 육성을 위해 필요한 모태펀드의 역할을 연구한 부분에 대하여 참고하고자 한다.

장성태(2015)는 관계부처 합동을 통해 발표한 '벤처·창업 자금 생태계 선순환 방안'을 기반으로 한 벤처 생태계의 현황과, 정책지원자금 지원 현황, 투자유치 현황, 경영애로 현황 등을 조사하고 관련 법제 현황 등에 대한 조사를 기반으로 창업·벤처기업이 기존의 법제 체계와 자금조달 체계 내에서 겪는 애로사항과 문제점을 분석하고 이를 통해 향후 나아가야 할 방향을 제시하고 있다. 특히 창업 이후 성장과 회수, 재투자로 이어지는 벤처 생태계 내에서 제기되고 있던 문제점들을 해소하는 데에 초점을 두고, 창업기업의 자금조달 구조를 융자에서 투자 중심으로 전환하고자 하는 정책적 흐름과 방향에 그 본연의 목적대로 이행되고 있는지 등에 초점을 맞추고 있다.

해외 선행연구 사례로 JunjuanDu, Zheng-QunCai(2020)는 벤처 캐피탈의 영향이 중국 농산업 내 중소 농식품기업의 성장에 미치는 영향을 분석하였다. 그 결과 중소기업들의 성장에 있어서 벤처캐피탈의 영향이 중요함을 분석하였고 이를 기반으로 중국 내 벤처캐피탈이 선호하는 벤처기업의 특징에 대하여도 논하였다. 이와 같이 벤처캐피탈에 대한 많은 국내외 선행연구가 존재하며, 본 논문에서 미처 언급하지 못한 다양한 연구결과들이 있다. 이 같은 선행 연구결과에 근거하여 농식품벤처투자시장의 성장과 농식품기업의 성장에 영향을 미치는 벤처캐피탈의 행태에 대한 실증분석을 수행하였다.

〈표2-27〉 국내 · 해외 선행연구 목록

연구자	연도	연구 제목
이종훈(한양대)	2018	한국 벤처캐피탈의 창업 초기기업 투자에 관한 연구: 공적 재정지원 효과를 중심으로
배철민(건국대)	2020	농업벤처의 자본시장 활용방안
박중건(건국대)	2019	국내 벤처투자펀드의 투자성과 결정요인에 관한 실증연구
이연옥 (추계문화예술전문대)	2013	뮤지컬산업의 투자 활성화 방안연구 (모태펀드 문화계정을 중심으로)
장성태 (한성대학교)	2015	창업 · 벤처기업 금융지원 체계와 자금조달방법에 관한 연구
JunjuanDu Zheng-QunCai	2020	The Impact of Venture Capital on the Growth of Small- and Medium-Sized Enterprises in Agriculture

2. 선행연구와의 차별점

본 연구의 주제는 한국 벤처캐피탈의 농식품기업 투자에 농식품모태펀드가 미치는 영향에 관한 연구로 각 선행연구의 연구 방향 등을 참고하여 연구주제를 설정하되 〈표2-28〉과 같이 차별점을 갖추고 있다. 먼저, 이종훈(2018)의 연구에서는 한국벤처캐피탈의 창업초기기업 투자에 관한 연구를 진행하였는데 산업간 구분과 경계 없이 창업초기기업 투자에 미치는 영향에 집중하였다. 본 연구에서는 농식품기업 투자에 미치는 영향으로 특정 산업분야로 집중하여 농식품산업 내에서 농식품모태펀드가 공적 재정지원의 역할로서 미치는 영향이 무엇인지에 대하여 분석하고자 한다. 특히, 벤처캐피탈 투자 현황의 분류에 '농업', '식품산업', '축산업', '수산업' 등의 분야가 별도로 확인되지 않기 때문에 본 연구를 통해 분석한 결과가 농식품투자시장에 유의미한 결과를 가져올 것으로 기대한다.

배철민(2020) 연구는 농업벤처의 자본시장 활용방안으로, 농업벤처기업의 자본조달, 투자유치, IPO 등 농업벤처의 가치사슬 체계를 포괄적으로 분석하고 이에 따른 결론을 도출하고 있다. 전반적인 농업벤처시장의 흐름과 현황을 파악하는 연구의 구성은 선행과제로서 참고하되, 농식품모태펀드를 중심으로 한 정부 재정지원을 통한 '투자'의 기능에 초점을 맞춘 것이 차별점이다.

박중건(2019) 연구는 국내 벤처투자펀드의 투자성과 결정요인에 관한 실증연구로 벤처펀드의 운용성과인 IRR, Multiple, PME 등을 중심으로 하여 펀드 성과에 영향을 미치는 요인(크기, 기간, 분야, 현금 흐름 등)을 분석하는 데 초점을 맞추었다. 특히 투자 분야, 펀드 규모에 따라 성과가 다를 것이라는 가설을 가지고 분석한 흐름과 논리를 참고하되 수익률의 기준을 재무적인 기준이 아닌 농식품기업에 대한 투자금액과 피투자기업들의 매출액 증가율, 고용인원 증가율로 설정하였다는 차별점이 있다. 즉, 재무적인 '성과'에 초점을 맞추지 않았다는 것이 본 연구의 특징이다.

이연옥(2013) 연구는 모태펀드의 문화계정을 중심으로 하여 뮤지컬산업의 투자 활성화 방안에 대하여 연구하였다. 모태펀드를 중심으로 분석을 하였다는 큰 틀의 구조를 참고하였으나 뮤지컬산업 종사자를 대상으로 실시한 설문조사를 기반으로 분석한 위 연구와 다르게 본 연구에서는 벤처캐피탈 운용사 심사역을 대상으로 설문을 실시하였으며, 농식품모태펀드 관리감독 기관을 통해 받은 통계자료를 기반으로 분석을 실시하였다는 점에서 보다 신뢰도 높은 결과를 도출하고자 한다.

장성태(2015) 연구는 창업 · 벤처기업의 자금조달방법과 금융지원체계 전반에 관한 창업 및 벤처 관련 법제에 따른 자금조달 문제점과 개선방안을 검토함으로써 제도적인 관점에서의 분석이 중심을 이루었다. 그러나 본 연구에서는 농식품모태펀드, 즉 정부재정이 중심이 되는 정책펀드를 기반으로 한 실질적인 효과성과 영향에 대한 분석을 하고자 한다.

마지막으로, JunjuanDu, Zheng-QunCai(2020) 연구가 중국 내 중소 농업기업을 중심으로 한 분석이라면, 본 연구는 해당 분석의 목적과 방향성을 참고하되 대상은 국내의 농식품기업으로 차별화 하여 실시하고자 한다.

〈표2-28〉 국내 · 해외 선행연구와의 차별점

연구자	연도	연구 제목
이종훈(한양대)	2018	한국 벤처캐피탈의 창업초기기업 투자에 관한 연구: 공적 재정지원 효과를 중심으로
차별점		– 초기기업 투자에 관한 연구 → 농식품기업 투자에 관한 연구 – 범위를 한정하고 구체화하여 특정 산업에 대한 집중적인 분석과 연구를 진행코자 함
배철민(건국대)	2020	농업벤처의자본시장 활용방안
차별점		농업벤처시장의 전반에 관한 고찰 → 농식품 펀드를 중심으로한 정부 재정지원을 통한 '투자'의 기능에 초점을 맞추어 차별화
박중건(건국대)	2019	국내 벤처투자펀드의 투자성과 결정요인에 관한 실증연구
차별점		벤처투자의 성과를 재무적 '성과'에 대한 분석이 아닌, 피투자기업의 성장(매출액, 고용인원)과 투자금액의 증가로 설정
이연옥 (추계문화예술전문대)	2013	뮤지컬산업의 투자 활성화 방안연구 (모태펀드 문화계정을 중심으로)
차별점		분석방법의 차별점(뮤지컬산업계 종사자 → 벤처캐피탈 종사자 설문지, 농식품펀드 통계)
장성태 (한성대학교)	2015	창업 · 벤처기업 금융지원 체계와 자금조달방법에 관한 연구
차별점		법제검토 등 제도적 관점의 분석 → 농식품모태펀드(정책펀드)를 중심으로 한 실질적인 효과성에 대한 검증
JunjuanDu, Zheng-QunCai	2020	The Impact of Venture Capital on the Growth of Small- and Medium-Sized Enterprises in Agriculture
차별점		중국 중소기업(농업 분야) → 한국 농식품기업이라는 분야와 대상의 차별점

제3장

연구모형 및
가설 설정

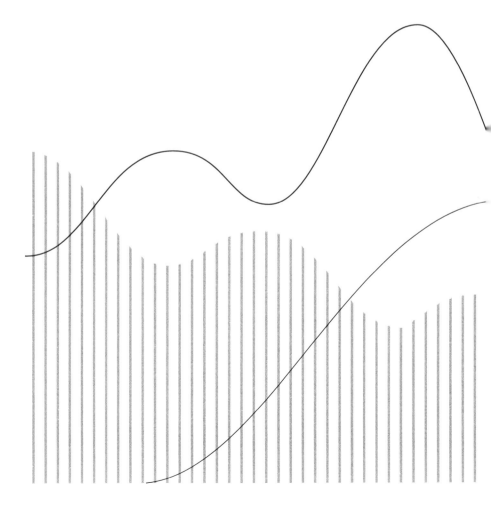

연구모형 설계 및 가설의 설정

1. 연구모형 설계

본 연구에서는 일반 벤처캐피탈시장에서 소외되어 있는 농식품 분야 투자에 있어서 정부의 공적 출자재원 확대에 대한 기대가 벤처캐피탈의 관심도 증가에 미치는 영향을 시장에서 활동 중인 벤처캐피탈 심사역을 대상으로 한 설문조사를 기반으로 분석하고자 한다. 또, 이와 같은 출자 규모의 증가가 농식품기업의 성장(투자, 재무적 성장, 비재무적 성장)에 미치는 영향과 펀드 중에서도 정부출자비율이 높은 특수목적펀드가 농식품기업의 성장에 미치는 영향 관계를 지난 11년간 조성한 농식품펀드

통계 데이터를 활용하여 실증적으로 분석하고자 한다.

　　본 연구는 [그림3-1]과 같이 크게 두 가지 모델로 설정하였으며 SPSS26 프로그램을 이용하여 실증분석하고자 한다. 첫 번째 모델에 근거한 연구모형은 농식품펀드를 운용 중이거나 운용을 희망하는 벤처캐피탈 현업 심사역을 대상으로 한 인식조사를 기반으로 관심도를 측정하고자 한다. 출자 규모가 확대될 것이라는 기대가 벤처캐피탈의 관심도 증가에 유의미한 영향력을 줄 것인가에 대하여 실증분석하고자 한다. 인구통계학적 관점에서 ① 성별과 ② 연령을 통제변수로 사용하였으며 조절변수는 ① 벤처캐피탈 운용 규모와 ② 벤처캐피탈 경력 두 가지를 선정하여 연구에 적용해보고자 한다. 두 번째 연구모형은 2010~2021년 조성된 94개의 농식품펀드 통계자료를 기반으로 출자 규모 확대(공적재원, 공적+민간)가 농식품기업에 대한 투자증가, 재무적 성장(매출액 증가), 비재무적 성장(고용인원 증가)에 유의미한 영향력을 미치는지에 대하여 실증분석하고자 한다.

[그림3-1] 연구모형

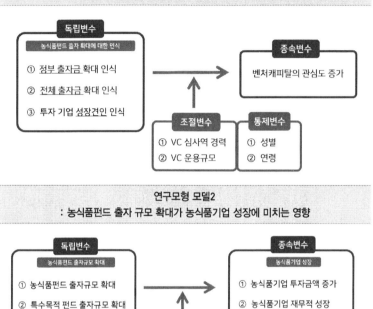

더불어 첫 번째 연구모형의 구조적 완성도를 위해 벤처캐피탈 심사역의 보다 고도화된 심화 의견을 수렴하고자 서술형 질문 조사지를 근거로 심사역 20인을 대상으로 추가 심층 면접을 진행하

고자 한다. 이를 통해 농식품모태펀드 규모 확대의 필요성과 농식품벤처기업 육성을 통한 산업 발전 방향을 도출하는 것을 목적으로 한다.

2. 연구가설 설정

본 연구에서는 연구모형1과 2를 바탕으로 농식품펀드 출자 확대에 대한 인식이 벤처캐피탈의 관심도에 미치는 영향을 파악하고, VC 경력과 운용 규모에 따른 차이점을 분석한다. 또 농식품펀드 출자 규모 확대가 농식품기업의 성장에 미치는 영향을 투자금액, 재무적 성장, 비재무적 성장 세 가지 관점에서 파악하고 그 효과를 검증하고자 가설을 수립하였다.

2.1. 농식품펀드 출자금 확대에 대한 인식이 벤처캐피탈의 관심도에 미치는 영향

정책기관은 매년 벤처펀드 규모의 확대를 위해 다양한 노력을 기울이고 있다. 그런데 이와 같은 노력이 시장의 관심도 제고에 얼마나 유의미한 영향을 미칠 것인가? 그 의문점에서 본 가설은 시작되었다. 농식품펀드 정부출자금(공적재원)과 민간자금을 포함한 총 출자금의 확대 또 이를 통한 농식품기업 성장에 대한 기대감이 농 식품 분야에 대한 벤처캐피탈의 관심도에 얼마나 유의미한 영향을 미칠지 관계성에 대한 검증이 필요하였다. 이러한 연구를 위해 가 설은 다음과 같이 정의하였다.

> 가설1: 농식품펀드의 출자금 확대에 대한 인식은 농식품 분야에 대한 벤처캐피탈의 관심도 증가에 정(+)의 영향을 미칠 것이다.

가설1의 큰 구조 아래 세부적인 가설은 독립변수를 정부출자 금(공적재원), 전체 출자금(공적+민간재원), 투자기업 성장견인 인식 세 가지로 구분하여 검증하고자 하였다. 설문조사의 특성상 인구통계 학적 관점이 들어갈 수 있는 성별과 연령에 대하여는 통제변수로 설정하여 가설의 신뢰도를 높이고자 하였다. 구체적인 가설은 다 음과 같다.

> **가설1-1:** 농식품모태펀드 정부출자금(공적재원) 확대에 대한 인 식은 농식품 분야에 대한 벤처캐피탈의 관심도 증가 에 정(+)의 영향을 미칠 것이다.
> **가설1-2:** 농식품모태펀드 전체 출자금(공적+민간재원) 확대에 대 한 인식은 농식품 분야에 대한 벤처캐피탈의 관심도 증가에 정(+)의 영향을 미칠 것이다.

가설1-3: 농식품모태펀드 투자를 통한 투자기업 성장견인에 대한 인식은 농식품 분야에 대한 벤처캐피탈의 관심도 증가에 정(+)의 영향을 미칠 것이다.

이 같은 기본가설에 조절변수를 적용하였다. 조절변수는 이종훈(2018) 선행연구에서 통제변수로 활용한 VC 심사역의 경력과 VC 운용 규모를 조절변수로 적용하여 이에 따른 영향도를 세부적으로 검증하였다. 구체적으로 도출된 가설은 다음과 같다.

가설1-4: 조절변수인 VC 심사역 경력에 따라 농식품모태펀드 정부출자금(공적재원) 확대에 대한 인식은 농식품 분야에 대한 벤처캐피탈의 관심도 증가에 정(+)의 영향을 미칠 것이다.

가설1-5: 조절변수인 VC 심사역 경력에 따라 농식품모태펀드 전체 출자금(공적+민간재원) 확대에 대한 인식은 농식품 분야에 대한 벤처캐피탈의 관심도 증가에 정(+)의 영향을 미칠 것이다.

가설1-6: 조절변수인 VC 심사역 경력에 따라 농식품모태펀드 투자를 통한 투자기업 성장견인에 대한 인식은 농식품 분야에 대한 벤처캐피탈의 관심도 증가에 정(+)의 영향을 미칠 것이다.

가설1-7: 조절변수인 VC 운용 규모에 따라 농식품모태펀드 정부출자금(공적재원) 확대에 대한 인식은 농식품 분야에 대한 벤처캐피탈의 관심도 증가에 정(+)의 영향을 미칠 것이다.

가설1-8: 조절변수인 VC 운용 규모에 따라 농식품모태펀드 전체 출자금(공적+민간재원) 확대에 대한 인식은 농식품 분야에 대한 벤처캐피탈의 관심도 증가에 정(+)의 영향을 미칠 것이다.

가설1-9: 조절변수인 VC 운용 규모에 따라 농식품모태펀드 투자를 통한 투자기업 성장견인에 대한 인식은 농식품 분야에 대한 벤처캐피탈의 관심도 증가에 정(+)의 영향을 미칠 것이다.

2.2. 농식품펀드 출자 규모 확대가 농식품기업 성장에 미치는 영향

가설1에서는 주로 벤처캐피탈시장의 관심도에 대한 검증이 이루어졌다. 가설2부터는 과거 통계 데이터를 기반으로 본격적으로 농식품펀드의 출자 규모 확대가 시장에 미치는 영향에 대하여 살펴보고자 한다. 이종훈(2018) 선행연구에서는 창업초기 기업들이 겪는 자본부족의 적절한 해소를 위해 벤처캐피탈 생태계의 활성화가 매우 중요한 태동 역할을 한다고 판단하였다. 이러한 중요성을 강조하기 위해 창업 초기기업을 위한 투자펀드 규모가 실제 시장 활성화에 미치는 영향을 분석하였는데 본 연구에서는 농식품산업과 농식품기업을 대상으로 하여 보다 집중적인 연구를 진행하고자 한다. 농식품펀드의 출자 규모 확대가 농식품기업의 성장에 어떠한 영향을 미치는 관계에 있을지에 대한 분석을 위해 구체적으로 도출된 가설은 다음과 같다.

> 가설2: 농식품펀드의 출자 규모 확대는 다른 관련요인을 통제하였을 때 농식품기업 성장에 정(+)의 영향을 미칠 것이다.

농식품펀드의 출자 규모 확대는 정부출자금을 의미하는데 전체 출자 규모 확대의 경우 정부출자금 확대와 높은 유의성을 보여 결국에는 동일한 전제로 판단할 수 있다. 이에 출자 규모 확대는 정부출자금액으로 설정하되 농식품기업 성장에 대한 관점을 구체적으로 세 가지로 제시하며, 다음과 같은 세부 가설을 도출하였다.

> **가설2-1:** 농식품모태펀드 출자 규모 확대는 다른 관련요인을 통제하였을 때 농식품기업 투자금액에 정(+)의 영향을 미칠 것이다.
>
> **가설2-2:** 농식품모태펀드 출자 규모 확대는 다른 관련요인을 통제하였을 때 농식품기업의 재무적 성장(매출액)에 정(+)의 영향을 미칠 것이다.
>
> **가설2-3:** 농식품모태펀드 출자 규모 확대는 다른 관련요인을 통제하였을 때 농식품기업의 비재무적 성장(고용인원 증가)에 정(+)의 영향을 미칠 것이다.

2.3. 특수목적펀드 출자 규모 확대가 농식품기업 성장에 미치는 영향

가설3에서는 보다 집중적인 분석을 실시하고자 한다. 특수목적펀드의 경우 주목적 투자대상이 일반펀드에 비하여 한정적인 반면 정부출자비율이 높은 특징이 있다. 즉, 특수목적펀드는 정부출자재원 확대의 필요성과 밀접하게 연관되어 있다고 볼 수 있다. 투자대상이 한정되고 보다 세부적으로 제한됨에도 불구하고 정부출자비율의 확대가 그만큼 매력적인 요인으로 생각된다는 반증이기도 하다. 이러한 관점에서 구체적으로 도출된 가설은 다음과 같다.

> 가설3: 특수목적펀드 출자 규모 확대는 다른 관련요인을 통제하였을 때 농식품기업 성장에 정(+)의 영향을 미칠 것이다.

특수목적펀드에서 또한 가설2 연구와 마찬가지로 정부출자금을 출자 규모 확대의 척도로 바라보며 농식품기업 성장에 얼마나 유의미한 영향력을 줄지에 관하여 검증하고자 한다. 구체적으로 도출된 가설은 다음과 같다.

> **가설3-1:** 특수목적펀드의 출자 규모 확대는 다른 관련요인을 통제하였을 때 농식품기업 투자금액에 정(+)의 영향을 미칠 것이다.
>
> **가설3-2:** 특수목적펀드의 출자 규모 확대는 다른 관련요인을 통제하였을 때 농식품기업의 재무적 성장(매출액)에 정

(+)의 영향을 미칠 것이다.

가설3-3: 특수목적펀드의 출자 규모 확대는 다른 관련요인을 통제하였을 때 농식품기업의 비재무적 성장(고용인원 증가)에 정(+)의 영향을 미칠 것이다.

2.4. 공적재원이 일정 규모 이상 증가하면 미치는 음(−)의 영향

그렇다면 정책펀드는 끝도 없이 증가해야 하는가? 정책펀드의 도입 취지상 일정부분 성장의 궤도에 들어서면 시장에서 자율적으로 움직이지는 않을까? 이 같은 의문점에서 공적재원이 일정 규모 이상 증가할 시 미치는 영향이 음의 효과를 가져오지 않을까 하는 가설을 다음과 같이 설정하고 검증할 필요성이 있다.

가설4: 농식품모태펀드의 공적재원 출자금이 일정 규모 이상 증가하면 오히려 농식품기업 성장에 음(−)의 영향을 미칠 것이다.

가설4-1: 농식품모태펀드의 공적재원 출자금이 일정 규모 이상 증가하면 오히려 농식품기업 투자금액에 음(−)의 영향을 미칠 것이다.

가설4-2: 농식품모태펀드의 공적재원 출자금이 일정 규모 이상 증가하면 오히려 농식품기업의 재무적 성장(매출액)에 음(-)의 영향을 미칠 것이다.

가설4-3: 농식품모태펀드의 공적재원 출자금이 일정 규모 이상 증가하면 오히려 농식품기업의 재무적 성장(매출액)에 음(-)의 영향을 미칠 것이다.

변수의 정의 및 측정방법

1. 변수의 정의

　본 연구에서는 연구의 가설을 검증하기 위해 두 가지의 연구 모형을 사용하였으며 각각 변수의 조작적 정의와 척도를 구성하였다. 설문조사는 투자관리전문기관인 농업정책보험금융원의 협조를 얻어 진행되었기 때문에 시장의 의견수렴 전반을 묻는 질문들과 혼합되어 구성되어 있다. 그렇기 때문에 설문조사 내용 중에서도 변수의 척도로 활용할 수 있는 항목을 명확히 구분하고 정리하고자 한다.

　먼저 연구모델 모형1을 살펴보도록 한다. 모형1은 설문조사를 통한 다항목척도로 구성되었기 때문에 독립변수로 설정한 '농식품펀드 출자금 확대에 대한 인식'은 다음과 같이 세 가지로 구체적인 구분을 하였다. 첫째, 정부출자금(공적재원)이 확대될 것이라는 인

식이다. 둘째, 전체 출자금(공적+민간재원)이 확대될 것이라는 인식이
다. 셋째, 농식품펀드를 통한 투자기업의 성장견인 효과에 대한 인
식이다. 각 변수는 출자 규모 확대를 정부 관점, 민간 관점, 피투자
기업 성장 관점에서 다방면으로 바라보았다는 점에서 의의가 있
다. 본 모델의 종속변수는 농식품 분야에 대한 벤처캐피탈의 관심
도 증가이다. 독립변수를 통한 변화가 시장의 관심도를 얼마나 유
의미하게 견인하는지에 대하여 살펴본다.

본 연구에서 통제변수는 응답한 벤처캐피탈의 성별과 연령으
로 인구통계학적 특징을 배제하고자 함에 있다. 조절변수는 일반
적으로 통계자료 분석에서 통제변수로 활용되는 항목으로 '벤처캐
피탈 심사역 경력'과 각 '벤처캐피탈사의 운용 규모' 두 가지로 설정
하였다. 또 본 연구의 설문결과를 유의미하게 뒷받침하고 설득하
기 위해 벤처캐피탈 심사역 20인을 대상으로 심층 연구 인터뷰를
진행하였다.

다음으로 연구모델 모형2를 살펴보도록 한다. 모형2는 기존 통
계자료 입수를 통해 가공·분석하여 실시되었으며 농식품펀드의
출자 규모 확대는 다른 관련요인을 통제하였을 때 농식품기업의
성장에 영향을 미친다는 가설로 이어진다. 본 모형에서 독립변수
는 농식품펀드의 출자 규모 확대, 특수목적펀드의 출자 규모 확대
이다. 각 펀드는 종류만 세분화되었을 뿐 정부출자금(공적재원)의 확
대라는 점에서는 동일하다. 특수목적펀드에 대한 가설3의 경우 「농

림수산식품투자조합법」제3조에 근거한 농식품경영체 전체에 투자하는 일반 펀드를 제외한 특정한 분야를 한정하여 결성하는 특수목적펀드를 조성함으로써 농식품기업에 대한 투자가 증가함을 검증해보고자 한다. 이러한 독립변수를 기반으로 종속변수로 설정한 농식품기업의 성장은 총 세 가지로 구분할 수 있다.

첫째, 농식품기업에 대한 투자금액의 증가이다. 둘째, 농식품기업의 재무적 성장을 지칭하며 '매출액 증감율'을 채택하였다. 셋째, 농식품기업의 비재무적 성장을 지칭하며 '고용인원 증감률'을 채택하였다. 본 연구에서는 이종훈(2018) 선행연구에서 설정한 통제변수 항목을 참고하여 벤처캐피탈의 자본금과 업력을 통제하여 분석을 실시하였다.

마지막 가설4와 관련하여서는 공적재원 출자금이 일정 규모 이상이 되었을 경우 미치는 영향에 대하여 동일하게 분석하고자 하였다. 출자금이 일정 규모 이상 증가함을 독립변수로 설정하였고 기존 출자금액 자료에 제곱승을 하여 규모를 확대 적용하였다.

2. 변수의 측정

본격적인 통계분석을 위해 각 변수에 대한 코딩 작업과 측정지 표는 연구모형 모델1과 2로 구분하여 〈표3-1〉, 〈표3-2〉와 같이 진행하고자 한다. 연구모형 모델1의 경우 설문조사지의 세부 항목에서 인식과 관심도에 대해 파악하는 데 유의미한 영향을 줄 수 있는 질의 항목을 선정하여 분석하도록 한다. 질문이 유의미하지 않거나 단순히 척도의 성격을 가진 항목은 배제하고 측정하였다.

〈표3-1〉 연구모형 모델1 통계분석 코딩

구분	항목	조작적 정의	측정
독립변수	정부출자금 확대에 대한 인식	분석 설문 항목 → 1-1-1, 1-1-2, 1-1-3, 1-1-5	Likert 5점 척도
		인식 정도에 따라 1~5값으로 선택 전혀 그렇게 생각하지 않음=1 ~ 매우 그렇게 생각함=5	
	전체 출자금 확대에 대한 인식	분석 설문 항목 → 2-1-2, 2-1-4, 2-1-5	
		인식 정도에 따라 1~5값으로 선택 전혀 그렇게 생각하지 않음=1 ~ 매우 그렇게 생각함=5	
	투자기업 성장견인 효과에 관한 인식	분석 설문 항목 → 4-1-1, 4-1-2	
		인식 정도에 따라 1~5값으로 선택 전혀 그렇게 생각하지 않음=1 ~ 매우 그렇게 생각함=5	

구분	항목	조작적 정의	측정
종속변수	농식품펀드 관심도	분석 설문항목 → 3-1-1. 3-1-4	Likert 5점 척도
		인식 정도에 따라 1~5값으로 선택 전혀 그렇게 생각하지 않음=1 ~ 매우 그렇게 생각함=5	
통제변수	성별	남자 = '1' 여자 = '2'	명목척도
	나이	나이 구간에 따라 '1~5'값으로 선택 20대 = '1' 30대 = '2' 40대 = '3' 50대 = '4' 60대 = '5'	
조절변수	VC (벤처캐피탈사) 운용 규모	운용 규모 값 (단위 : 억 원)	서열척도
	VC (벤처캐피탈사) 경력	경력 구간에 따라 1~5값 차등 부여 1년 이하 = '1' 1년 초과~3년 이하 = '2' 3년 초과~5년 이하 = '3' 5년 초과~7년 이하 = '4' 7년 초과 = '5'	서열척도

〈표3-2〉 연구모형 모델2 통계분석 코딩

구분	항목	조작적 정의	측정
독립변수	출자 규모 확대	농식품펀드 정부출자금액 * 2021년 말 기준 실 집행금액 (단위: 억 원)	서열척도
종속변수	농식품기업 투자금액	농식품펀드 투자금액 * 2021년 말 기준 실 집행금액 (단위: 억 원)	서열척도
	농식품기업 재무적 성장 (매출액 증감율)	전년 대비 매출액 증감률 같거나 감소 시 → 값 "0" 증가 시 → 값 "1" (일반적인 증감율의 경우 값의 범위가 매우 넓어 정규분포를 이루지 못함)	명목척도
	농식품기업 비재무적 성장 (고용인원 증감율)	전년 대비 고용인원 증감률 같거나 감소 시 → 값 "0" 증가 시 → 값 "1" (일반적인 증감율의 경우 값의 범위가 매우 넓어 정규분포를 이루지 못함)	명목척도
통제변수	VC (벤처캐피탈사) 자본금	출자사업 신청 시 벤처캐피탈사 자본금 규모 (단위: 억 원)	서열척도
	VC (벤처캐피탈사) 업력	출자사업 신청 시 벤처캐피탈사 업력	

제3절

조사방법

1. 설문자료 수집 및 구성

본 연구는 농식품모태펀드 출자사업에 참여한 경험이 있거나 농식품펀드 운용에 관심을 가지고 있는 벤처캐피탈 심사역을 대상으로 2022년 6월 12일부터 6월 18일까지 일주일간 네이버 폼 설문지 작성을 활용하여 이메일(E-mail) 및 카카오톡(KakaoTalk)을 이용하여 설문을 의뢰하여 조사하고 회수하였다. 총 130명이 설문에 응답하였으며 획일적이고 불성실한 응답의 설문지 16부를 제외한 총 104부의 유효한 표본을 연구표본으로 사용하였다. 분석과정에서 결측치로 확인된 설문이 2부가 존재하였으나, 이에 대한 결측치는 선형보간법에 의하여 결측치를 대치하여 연구결과에 반영하였다.

설문지 항목은 크게 네 가지로 구분하여 세부적인 항목을 통해 자료를 수집하였다. 다만, 본 설문조사는 농식품모태펀드 투자관리전문기관인 농업정책보험금융원의 협조를 통해 이루어졌기 때문에 농금원의 정책적 목적상 필요한 기타 질문들도 항목에 포함되어 있어 연구 데이터로 활용하기에 적합하지 않은 항목들이 포함되어 있다. 이에 본 연구에서는 〈표3-3〉에서 나타낸 바와 같이 유의미한 수치를 확보할 수 있는 항목을 구분하여 분석하도록 한다.

〈표3-3〉 설문자료 통계활용 항목 구성 현황

구분	항목	질의내용	변수명
정부출자금 확대에 대한 인식	1-1-1.	농식품펀드 정부재원(출자금)은 확대되어야 한다.	독립변수1
	1-1-2.	정부출자비율이 높은 펀드가 더욱 필요하다.	
	1-1-3.	정부출자금 확대를 통한 농식품펀드의 증가가 필요하다.	
	1-1-5.	정부출자금 확대를 통한 정부출자비율 확대가 필요하다.	
전체 출자금 확대에 대한 인식	2-1-2.	농식품펀드 전체 조성 규모 확대가 필요하다.	독립변수2
	2-1-4.	농식품펀드의 확대는 농식품기업에 대한 관심으로 이어진다.	
	2-1-5.	벤처 생태계 조성을 위해 농식품펀드 규모 확대는 반드시 필요하다.	
농식품펀드 관심도	3-1-1.	농식품펀드 조성에 관심이 많다.	종속변수
	3-1-4.	농식품펀드와 특수목적펀드 조성을 희망한다.	
투자기업 성장견인 효과에 관한 인식	4-1-1.	정책펀드를 통한 투자는 피투자기업의 재무적 성과를 견인한다.	독립변수3
	4-1-2.	정책펀드를 통한 투자는 피투자기업의 비재무적 성과를 견인한다.	

2. 설문자료 분석방법

본 연구의 리커트 5점 척도를 이용한 설문조사를 통해 획득한 유효한 표본으로 가설을 검정하기 위해 SPSS26으로 다음과 같은 통계분석을 사용하였다. 분석방법은 다음과 같다. 첫째, 각 변수 표본의 특성을 분석한다. 둘째, 각 설문 문항에 대한 신뢰성과 타당성을 검증하기 위하여 탐색적 요인분석과 Cronbachs' α값을 확인하였다. 셋째, 신뢰성과 타당성을 확보한 설문 문항에 대한 평균과 표준편차 등 기술통계량을 확인하기 위해 기술통계를 확인하였다. 넷째, 설문 응답자의 인구통계학적 변수에 대한 분포와 비율을 알기 위해 빈도분석과 독립표본 t검정과 일원배치분산분석(one way ANOVA)을 실시하였다. 다섯째, 각 변수 간의 연관성을 살펴보기 위하여 상관관계 분석을 실시하였다. 여섯째, 연구모형의 적합도 및 가설의 검증을 위해 다중회귀분석과 조절변수를 포함한 조절회귀분석을 실시하였다.

최종적으로 연구의 신뢰도를 확보하고 정성적인 결과치의 보완을 위해 서술형 응답자 중 구체적인 의견을 제출한 20명을 대상으로 심층 면접 인터뷰를 진행하여, 피투자기업의 성장 및 특수목적펀드 조성 관련 의견을 반영하고자 한다.

3. 통계자료 수집 및 구성

정부재원 출자에 따른 농식품기업 투자실적 등의 분석을 위해서 별도의 표본을 선정하고 자료수집을 추진하였다. 농식품모태펀드 투자관리전문기관인 농업정책보험금융원으로부터 입수 가능한 수준에서의 정부출자금액, 출자펀드 규모, 펀드 종류, 피투자기업의 고용인원 증감률, 매출액 증감률을 기반으로 한 통계자료를 활용하였다. 입수한 자료의 범위는 2010년부터 2021년까지 총 94개 펀드를 대상으로 한다. 94개 펀드의 정부출자금액, 총 출자금액, 농식품기업 투자금액, 매출액 증감률, 고용인원 증감률 등을 측정지표로 활용하기 위해 연구목적에 맞게 별도로 정리하였으며 최종적으로 통계값 추출을 위해 코딩하여 사용하였다. 본 연구는 SPSS 프로그램을 사용하여 통계분석을 사용한다.

4. 통계자료 분석방법

수집한 데이터를 기반으로 유효한 표본으로 가설을 검정하기 위해 SPSS26으로 다음과 같은 통계분석을 사용하였다. 분석방법은 다음과 같다. 첫째, 각 변수 표본의 특성을 분석한다. 둘째, 표본의 평균과 표준편차 등 기술통계량을 확인하기 위해 기술통계를 확인한다. 단, 본 연구는 다항목척도로 구성된 연구가 아닌바 빈도분석, 타당성 검증, 신뢰성 검증은 불가능하여 생략하였다. 셋째, 각 변수 간의 연관성을 살펴보기 위하여 상관관계 분석을 실시하였다. 넷째, 통제변수를 적용하여 다중 선형회귀분석과 종속변수가 범주형인 증감률 척도를 계산하기 위한 Logit 회귀식을 통해 변수 간 영향을 분석하여 최종적으로 가설을 검증한다.

제4장

실증분석

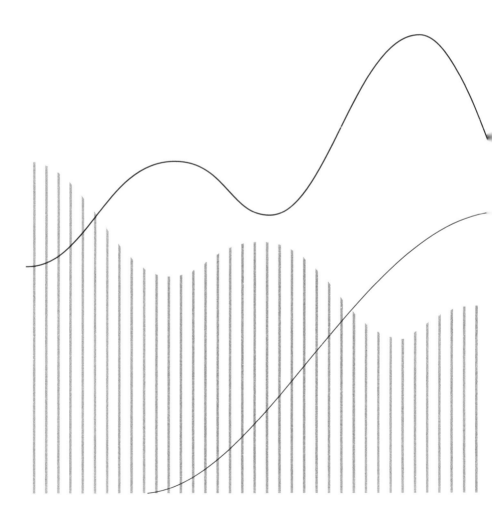

제1절

표본의 특성

1. 설문자료 표본의 특성 분석

설문조사에 응답한 벤처캐피탈 현업 심사역 104인의 표본을 인구통계학적 특성에 대하여 분석하였으며 추가로 각 벤처캐피탈 심사역이 주력하는 투자 분야, 투자단계, 평균 투자액에 대한 특성을 분석하였다. 본 연구 가설 검증에 활용하는 통계지표는 통제변수로 활용하는 인구통계학적 특성인 성별과 연령, 조절변수로 활용하는 벤처캐피탈 심사역의 경력과 벤처캐피탈 운용사의 운용 규모 두 가지이다. 응답한 성별은 남성이 93명으로 전체 89.4%를 차지하였다. 연령에 대해 20대는 2명(1.9%), 30대는 32명(30.8%), 40대는 37명(35.6%), 50대는

31명(29.8%), 60대는 2명(1.9%)으로 나타났다. 이는 40대, 30대, 50대 순으로 많이 조사되었다.

<표4-1> 설문자료 표본 특성

항목		빈도 (명)	백분율 (%)	현황 그래프
성별	남성	93	89.4	
	여성	11	10.6	
연령	20대	2	1.9	
	30대	32	30.8	
	40대	37	35.6	
	50대	31	29.8	
	60대	2	1.9	
경력	~1년 이하	14	13.5	
	1년 초과~2년 이하	17	16.3	
	2년 초과 ~3년 이하	19	18.3	
	3년 초과~4년 이하	17	16.3	
	4년 초과~	37	35.6	

항목		빈도 (명)	백분율 (%)	현황 그래프
투자 분야	농림수산식품	22	21.2	
	ICT/정보통신	34	32.7	
	바이오/제약	14	13.5	
	유통/서비스	11	10.6	
	문화/콘텐츠	9	8.7	
	기타	14	13.5	
투자 단계	창업초기	30	28.8	
	중기	62	59.6	
	중후기	8	7.7	
	후기	4	3.8	
평균 투자 액	10억 미만	29	27.9	
	10~30억 미만	54	51.9	
	30~50억 미만	10	9.6	
	50~100억 미만	7	6.7	
	100억 이상	4	3.8	

스타트업을 키우는 농림수산식품 모태펀드

2. 통계자료 표본의 특성 분석

통계자료의 경우, 2010~2021년 조성한 94개 농식품펀드를 〈
표4-2〉와 같이 일반펀드와 특수목적펀드로 크게 구분하였는데 일
반펀드는 45개로 전체의 47.9%를 차지하였고 특수목적펀드는 49
개로 전체 52.1%를 차지하고 있다. 연도별로 비교하였을 경우 결성
초기 대비 특수목적펀드의 비율이 꾸준히 증가하여 최근에는 역전
하는 현상이 발생한 것으로 보인다. 본 연구에서 통제변수로 사용
하기 위해 이종훈(2018) 선행연구의 통제변수 항목을 일부 차용하
였는데, 〈표4-3〉에서 보이는 바와 같이 각 펀드를 운용하는 벤처
캐피탈 운용사의 자본금, 업력, 심사역 수의 평균을 분석한 결과 자
본금은 전체 1,064억 원 규모이며 업력은 평균 12년, 심사역 수는
평균 11명으로 분석되었다.

〈표4-2〉 통계자료 표본 특성1

항목	구분	개수	백분율(%)
펀드 종류	일반펀드	45	47.9%
	특수목적펀드	49	52.1%
전체		94	100%

〈표4-3〉 통계자료 표본 특성2

항목	구분	평균
운용사 평균 자본금	일반펀드	1,949억 원
	특수목적펀드	215억 원
	전체	1,064억 원
운용사 평균 업력	일반펀드	13년
	특수목적펀드	10년
	전체	12년
운용사 평균 심사역수	일반펀드	15명
	특수목적펀드	7명
	전체	11명

스타트업을 키우는 농림수산식품 모태펀드

타당성 및 신뢰성 검증

다항목척도인 리커트 5점 척도를 이용한 설문조사를 기반으로 수집된 1차 자료에 속하는 연구모형 1의 변수들의 경우 표본이 타당하고 신뢰성 있게 수집되었는지를 검증하기 위해 타당성 검증과 신뢰도 검증을 실시하였다.

1. 타당성 검증

타당성 분석은 측정 항목들이 측정하려는 개념이나 특성을 제대로 측정하였는가를 의미하는 것으로 본 연구에서는 요인분석(Factory analysis)을 통해서 변수 간의 상관관계를 기초로 하여 타당성을 검증하였다. 요인은 잠재적인 요인의 수를 파악하거나 잠재

요인의 본질 및 상대적 중요도를 파악하고, 가설적 이론에 대한 검정을 실시할 목적으로 사용할 수 있다. 또 요인분석에서 표본의 수는 최소 100~200개 이상 사례를 사용할 것을 권하고 있다. 본 연구는 총 104개의 표본이 사용된다.

본 연구에서는 공적재원 출자 규모 4문항, 전체 출자 규모 3문항, 투자기업 성장 2문항, 벤처캐피탈 관심도 2문항을 분석에 활용하고자 하였다. 4개의 개념별로 타당성을 확인하기 위하여 베리맥스 방식, 요인 적재값 .5 이상을 기준으로 분석을 실시하였다. 공적재원 출자 규모, 전체 출자 규모, 투자기업 성장의 경우 매우 유사한 개념으로 4개의 개념을 추출하기 위해 4개의 고정요인 추출, 베리맥스 방식, 요인 적재값 .5 이상을 기준으로 분석을 실시하였다. 분석결과인 〈표4-4〉를 확인하면, 요인 적재값이 .5 이하로 나타난 공적재원 출자 규모 문항 1-1-3을 제외하고 각 문항의 요인 적재값이 적절함을 확인하였다. 구체적으로 요인분석의 적절성을 의미하는 KMO의 값이 .856, Bartlett의 단위행렬 검정=443.377(p<.001)로 KMO의 값이 .8 이상이며 Bartlett의 단위행렬 검정의 유의수준이 .05 이하로 요인분석이 적절함을 확인하였다. 추출된 4개 요인의 누적 설명분산은 76.642로 나타났으며, 요인 적재치가 모두 .5 이상으로 나타나 타당성을 확보하였다고 가정하였다.

구성개념	설문문항	요인부하량			
		요인1	요인2	요인3	요인4
공적재원 출자 규모	1-1-2	.856			
	1-1-1	.822			
	1-1-5	.612			
전체 출자 규모	2-1-5		.811		
	2-1-4		.779		
	2-1-2		.521		
벤처캐피탈 관심도	3-1-4			.840	
	3-1-1			.827	
투자기업 성장	4-1-1				.814
	4-1-2				.800
고유값(Eigen-value)		4.782	1.183	.868	.831
설명 분산(%)		47.822	11.826	8.682	8.313

※ 요인추출 방법: 주성분 분석. 회전 방법: Kaiser 정규화가 있는 Varimax

2. 신뢰성 검증

신뢰도(reliability)란 검사가 측정하고자 하는 내용을 얼마나 안정성을 가지고 일관성 있게 측정하고 있느냐의 문제이다. 따라서 측정한 자료가 신뢰할 수 있느냐를 나타낸다. 신뢰성 검증은 신뢰도 있게 측정변수의 신뢰도를 알아보기 위함에 있으며 동일한 개

념에 대하여 다항목으로 측정하였을 때 문항 간 일관성 있게 구성
되었는지 확인하는 것을 말하며, 타당성 분석을 통해 추출된 변수
의 동질성을 확인할 때 이용한다. 본 연구에서는 신뢰도 측정방법
중 크론바하의 알파계수(Cronbach's Alpha Coefficient)법을 사용하고
자 한다. 이는 상호관련성을 측정하여 내적 일치성을 평가하기 용
이하기 때문이다. 또한 설문조사에 의한 탐색적인 연구 분야에서는
Cronbach's α값의 지표를 통해 신뢰도를 판단한다. α계수는 설문
문항의 신뢰도를 측정할 때 가장 많이 사용하는 계수로 계수가 0.8
이상이면 높은 신뢰도 수준, 0.6 이상으로 나왔을 때는 받아들일 수
있는 수준으로 여겨진다. 〈표4-5〉의 결과를 살펴보면 Cronbach's
α값은 모두 0.7~0.8 이상으로 높은 신뢰도를 보인다고 볼 수 있다.
항목 제거 시 α값은 문항이 2개일 경우 측정할 수 없어 투자기업 성
장과 벤처캐피탈 관심도에서는 추출하지 않았다. 즉, 본 연구분석
을 위한 설문 항목과 응답은 모두 신뢰성을 가진다고 본다.

〈표4-5〉 연구모형 모델1 신뢰성 검증결과

변수	구성 개념	설문 문항	상관 관계	항목 제거 시	Cronbach's α
독립변수	공적재원 출자 규모	1-1-1	.672	.645	.778
		1-1-2	.636	.677	
		1-1-5	.549	.783	
	전체 출자 규모	2-1-2	.531	.761	.767
		2-1-4	.603	.682	
		2-1-5	.667	.608	
	투자기업 성장	3-1-1	.605	−	.753
		3-1-4	.605	−	
종속변수	벤처캐피탈 관심도	4-1-1	.701	−	.820
		4-1-2	.701	−	

연구가설의 검증

1. 연구모형 모델1 연구가설 검증

1.1. 기술통계 분석

본 연구에서는 신뢰도와 타당도가 확보된 문항의 평균을 내어 만든 변수에 대한 기술통계분석(descriptive statistics analysis)을 실시하였다. 기술통계분석은 수집된 자료들의 평균, 표준편차 등 특성을 파악하고 보다 정교한 통계적 분석에 대한 기초자료를 제공할 수 있기 때문이다. VC 경력의 경우 1년 단위로 측정하여 1~5년 이상으로 측정하였다. VC 경력의 평균은 3.471, 표준편차는 1.434로 나타났다. 운용 규모(억 원)의 평균은 3,034억 원, 표준편차는 3,488억 원으로 나타났다. 공적재원 출자 규모의 평균은 4.497, 표준편차는 0.502로 나타났다. 전체 출자 규모의 평균은 4.218, 표준편차는 0.572로 나타났다. 투자기업 성장의 평균은 4, 표준편차는 0.7로 나타났다. 벤처캐피탈 관심도의 평균은 4.096, 표준편차는 0.763으로 나타났다. 왜도와 첨도는 각 변수의 정규성을 확인할 수 있는 지표로 왜도의 절대값이 3 이하, 첨도의 절대값이 10 이하일 때 정규성을 가진다고 가정한다. 본 연구에 사용된 변수의 왜도 범위는 -0.831~2.345로 절대값 3보다 작고, 첨도의 범위가 -1.220~6.861로 절대값 10보다 작아 정규분포한다고 가정하여 분석을 진행하였다.

〈표4-6〉 연구모형 모델1 기술통계 분석결과

구분	N	범위	평균	표준편차	분산	왜도	첨도
VC 경력	104	4	3.471	1.434	2.057	-0.394	-1.220
운용 규모 (억 원)	104	20000	3034.19	3488.188	12167458.02	2.345	6.861
공적재원 출자 규모	104	2	4.497	0.502	0.252	-0.762	-0.002
전체 출자 규모	104	3	4.218	0.572	0.327	-0.831	1.476
투자기업 성장	104	3.5	4.000	0.700	0.490	-0.649	1.111
벤처캐피탈 관심도	104	3	4.096	0.763	0.583	-0.832	0.615

1.2. 분산분석 및 독립표본 t검정

질적 변수인 표본의 일반적 특성(성별, 연령)에 따라 양적 변수인 각 변수의 평균값의 차이를 검증하기 위하여 먼저 성별에 따른 독립표본의 t검정을 실시하였다. 성별에 따른 각 변수의 평균차이를 검증하는 데 적절한 분석은 독립표본 t검정인데 그 이유는 독립표본 t검정의 경우 독립변수는 질적 변수이면서 그 값(value)이 남자와 여자로 두 개이기 때문이다. 각 변수에 대한 독립표본 t검정의 값은 〈표4-7〉과 같다. 성별에 따른 공적재원 출자 규모 확대에 대한 인식의 평균차이는 유의미하지 않았고(p=.170), 전체 출자 규모의 평균차이 또한 유의미하지 않았다(p=.482). 성별에 따른 투자기업 성장에 대한 인식 평균차이(p=0.068)와 벤처캐피탈의 관심도 증가 평균차이(p=0.151) 모두 유의미하지 않다고 나왔다. 분석결과 성별에 따른 각 변수 간의 유의미함 평균차이는 발견되지 않았음을 확인하였다.

〈표4-7〉 연구모형 모델1 독립표본 t검정

구성개념	변수명	성별	N	평균	표준편차	t	p
독립변수	공적재원 출자 규모	남자	93	4.480	0.519	-1.431	0.170
		여자	11	4.636	0.315		
	전체 출자 규모	남자	93	4.204	0.577	-0.705	0.482
		여자	11	4.333	0.537		
	투자기업 성장	남자	93	3.957	0.710	-1.842	0.068
		여자	11	4.364	0.505		
종속변수	벤처캐피탈 관심도	남자	93	4.059	0.780	-1.445	0.151
		여자	11	4.409	0.539		

※ p〈0.001 ***, p〈0.01 **, p〈0.05 *

다음으로는 연령에 따른 분산분석을 실시하였다. 연령은 질적 변수이면서 그 값이 3개 이상으로 독립표본 t검정이 아닌 분산분석을 실시하는 것이 적절하다. 분산분석의 경우, 여러 집단 간의 유의미한 평균차이가 있다는 것만 분석하기 때문에 유의수준이 .05 이하일 경우 사후검정을 통해 각 집단 간의 유의미한 차이를 확인해야 한다. 본 분석에서는 Scheffe 검정을 통해 사후분석결과를 확인하였다. 그 결과 〈표4-8〉과 같이 연령에 따른 공적재원 출자 규모의 평균차이는 유의미하였다(p=0.029). 구체적인 집단 간 차이를 보기 위해 사후검정(Scheffe)을 실시하였다. 그 결과, 30대(M=4.313, SD=0.561)보다 50대(M=4.710, SD=0.382)가 공적재원 출자 규모에 대한 인식이 유의미하게 높음을 확인하였다. 다음으로 연령에 따른 전체 출자 규모의 평균차이는 유의미하지 않았다(p=0.684). 연령에 따른 투자기업 성장에 대한 인식의 평균차이 또한 유의미하지 않았다(p=0.333). 마지막으로 연령에 따른 벤처캐피탈 관심도의 평균차이는 유의미하지 않았다(p=0.12). 분석결과 연령에 따른 각 변수 간의 유의미함 평균차이는 대부분 발견되지 않았고 공적재원 출자 규모 확대에 대한 인식 부분만 30대와 50대 간의 차이점이 일부 발견되었으나 본 연구의 결과 도출에는 큰 영향을 미치지 않을 것으로 판단된다.

<표4-8> 연구모형 모델1 분산분석

구성 개념	변수명	연령	N	평균	표준편차	F	p	사후검정 (Scheffe)
독립 변수	공적재원 출자 규모	20대	2	4.667	0.000	2.819	0.029*	b<d
		30대	32	4.313	0.561			
		40대	37	4.459	0.505			
		50대	31	4.710	0.382			
		60대	2	4.667	0.000			
	전체 출자 규모	20대	2	4.500	0.707	.572	.684	a=b=c=d=e
		30대	32	4.125	0.499			
		40대	37	4.207	0.635			
		50대	31	4.290	0.569			
		60대	2	4.500	0.707			
	투자기업 성장	20대	2	4.500	0.707	1.587	.333	a=b=c=d=e
		30대	32	3.797	0.646			
		40대	37	3.973	0.577			
		50대	31	4.274	0.693			
		60대	2	3.000	2.121			
종속 변수	벤처캐피탈 관심도	20대	2	4.750	0.354	1.881	.120	a=b=c=d=e
		30대	32	3.828	0.736			
		40대	37	4.149	0.789			
		50대	31	4.242	0.729			
		60대	2	4.500	0.707			

※ $p<0.001$ ***, $p<0.01$ **, $p<0.05$ *

1.3. 상관관계 분석

본 연구에서 활용되는 양적 변수들 간의 유의미한 연관성을 파악하기 위하여 상관관계 분석을 실시하였다. 일반적으로 상관계수의 절대계수 값이 0.2 이하이면 상관관계가 없거나 무시해도 좋은 수준으로 보며, 0.2~0.4이면 약한 상관관계, 0.4~0.6이면 보통의 상관관계, 0.6 이상이면 강한 상관관계로 볼 수 있다. 따라서 본 연구는 변수들 간의 피어슨 상관분석을 실시하였으며, 그 결과는 〈표 4-9〉와 같다.

주요 변수들을 중심으로 살펴보면, 공적재원 출자 규모 증가에 대한 인식은 전체 출자 규모와 유의미한 정의 상관관계가 있는 것으로 나타났다(r=.539, p<.001). 공적재원 출자 규모 증가에 대한 인식은 투자기업 성장에 대한 기대인식과도 유의미한 정의 상관관계가 있는 것으로 나타났다(r=.409, p<.001). 공적재원 출자 규모 증가에 대한 인식은 벤처캐피탈 관심도 증가와도 유의미한 정의 상관관계가 있는 것으로 나타났다(r=.511, p<.001). 하지만 공적재원 출자 규모 증가에 대한 인식은 VC 경력(p=.084), 운용 규모(p=.055)와는 유의미한 상관관계가 없는 것으로 나타났다. 마찬가지로 나머지 변수들도 유사한 값이 도출되었다. 전체 출자 규모 증가에 대한 기대는 투자기업 성장에 대한 기대와 유의미한 상관관계가 있는 것으로 나타났고(r=.565, p<.001), 벤처캐피탈 관심도 증가와도 유의미한 정의 상관관계가 있는 것으로 나타났다(r=.570, p<.001). 마지막으로 투자기

업 성장에 대한 인식 증가 또한 벤처캐피탈의 관심도 증가와 유의
미한 정의 상관관계가 있는 것으로 나타났다(r=.518, p<.001).

하지만 조절변수인 VC 경력, 운용 규모와 나머지 각 변수들은
모두 유의미하지 않은 것으로 나타났다. 즉, 벤처캐피탈의 경력이
나 운용 규모는 벤처캐피탈의 출자 규모 증가에 대한 인식 및 벤처
캐피탈 관심도 등의 변수와 이에 따른 상관관계에 영향을 주지 않
는 것을 알 수 있다.

〈표4-9〉 연구모형 모델1 상관관계 분석

구성개념		공적재원 출자 규모	전체 출자 규모	투자기업 성장	벤처캐 피탈 관심도	VC 경력	운용 규모 (억 원)
공적재원 출자 규모	상관계수	1					
	유의확률						
전체 출자 규모	상관계수	.539***	1				
	유의확률	.000					
투자기업 성장	상관계수	.409***	.565***	1			
	유의확률	.000	.000				
벤처캐피탈 관심도	상관계수	.511***	.570***	.518**	1		
	유의확률	.000	.000	.000			
VC 경력	상관계수	.171	.071	.121	.069	1	
	유의확률	.084	.475	.222	.486		
운용 규모 (억 원)	상관계수	-.189	-.075	-.048	-.166	-.030	1
	유의확률	.055	.451	.631	.093	.763	

1.4. 다중회귀분석

앞선 분석결과를 바탕으로 최종적으로 공적재원 출자 규모, 전체 출자 규모, 투자기업 성장에 대한 인식이 농식품 분야에 대한 벤처캐피탈 관심도에 미치는 영향을 파악하기 위하여 다중회귀분석을 실시하였다. 분석에 앞서 통제변수로 성별과 연령을 사용하였다. 〈표4-10〉을 통해 알 수 있듯 분석결과, 회귀모형의 적절성을 의미하는 F의 유의수준이 .05 이하로 회귀식은 적절한 것으로 나타났다.

독립변수들이 종속변수에 미치는 영향력을 의미하는 수정된 R제곱의 값이 .402로 약 40.2%를 설명하는 것으로 나타났다. 또한 모든 변수의 VIF값이 10 이하로 나타나 다중공선성 문제가 나타나지 않았다. 구체적인 분석결과는 다음과 같다.

공적재원 출자 규모 증가에 대한 인식은 농식품 분야에 대한 벤처캐피탈 관심도에 유의미한 정(+)의 영향을 미치는 것으로 나타났다(β=0.348, p=0.018). 전체 출자 규모 증가에 대한 인식은 농식품 분야에 대한 벤처캐피탈 관심도에 유의미한 정(+)의 영향을 미치는 것으로 나타났다(β=0.408, p=0.003). 농식품펀드를 통한 투자기업 성장에 대한 인식은 농식품 분야에 대한 벤처캐피탈 관심도에 유의미한 정(+)의 영향을 미치는 것으로 나타났다(β=0.251, p=0.017). 세 독립변수 모두 종속변수에 유의미한 영향을 미치는 것으로 나타났다. 추가적으로 표준 계수 β값의 크기를 살펴보았을 때 전체 출자 규모(β=3.0), 다음으로 공적재원 출자 규모(β=2.3)와 투자기업 성장(β=2.3)이 비슷하게 종속변수에 미치는 영향이 큰 것으로 나타났다. 즉, 전체 출자 규모 증가에 대한 벤처캐피탈의 인식이 관심도 증가에 영향을 많이 미치는 것을 알 수 있다.

〈표4-10〉연구모형 모델1 다중회귀분석

종속 변수	독립 변수	비표준 계수		표준 계수	t	유의 수준	공선성 통계	
		B	표준 오차	β			허용 오차	VIF
벤처캐피탈 관심도	(상수)	-.536	.584		-.919	.361		
	성별	.167	.197	.068	.850	.397	.916	1.092
	연령	.053	.071	.061	.743	.459	.870	1.149
	공적재원 출자 규모	.348	.145	.229	2.408	.018	.642	1.557
	전체 출자 규모	.408	.136	.306	3.000	.003	.560	1.787
	투자기업 성장	.251	.104	.230	2.417	.017	.640	1.562
	F-value	14.831						
	P-value	.000						
	adj-R2	.402						

1.5. 조절효과 분석

다음으로는 조절효과로 선정한 VC(벤처캐피탈)의 경력을 적용한 연구분석결과이다. 공적재원 출자 규모, 전체 출자 규모, 투자기업 성장에 대한 인식이 농식품 분야에 대한 벤처캐피탈 관심도에 미치는 영향에 VC 경력의 조절효과를 파악하기 위하여 조절효과분석을 실시하였다. 분석에 앞서 통제변수로 성별과 연령을 사용하였다. 각 독립변수와 VC 경력의 조절변수를 만드는 과정에서 다중공선성 문제를 최소화하기 위해 평균중심화과정을 거친 후 조절변수를 생성하였다. 〈표4-11〉과 같이 분석결과, VC 경력의 조절효과를 포함한 회귀모형의 적절성을 의미하는 F의 유의수준이 .05 이하로 회귀식이 적절하였다. 독립변수들이 종속변수에 미치는 영향력을 의미하는 수정된 R제곱의 값이 .471로 약 47.1%를 설명하는 것으로 나타났다. 또한 모든 변수의 VIF값이 10 이하로 나타나 다중공선성 문제가 나타나지 않았다. 구체적인 분석결과는 다음과 같다.

공적재원 출자 규모 확대에 대한 기대, 총 출자 규모 확대에 대한 기대, 투자기업 성장에 대한 기대는 모두 위와 같이 벤처캐피탈 관심도에 유의미한 정(+)의 영향을 미치는 것으로 나타났다. 하지만 조절변수를 적용하였을 경우 벤처캐피탈 경력에 따른 공적재원 출자 규모 확대에 대한 기대는 농식품 분야 벤처캐피탈의 관심도에 유의미한 영향을 미치지 못하는 것으로 나타났다(β=0.055, p=0.504). 투자기업 성장에 대한 기대 또한 마찬가지의 결과를 가져왔으나,

벤처캐피탈 경력에 따른 총 출자 규모 증가에 대한 기대는 농식품 분야에 대한 벤처캐피탈 관심도에 유의미한 정(+)의 영향을 미치는 것으로 나타났다(β=0.142, p=0.042). 이는 VC 경력이 높아질 때 전체 출자 규모 증가에 대한 기대가 농식품 분야에 대한 벤처캐피탈의 관심도에 미치는 영향이 커진다는 것을 의미한다.

〈표4-11〉 연구모형 모델1 조절효과(VC 경력) 회귀분석

종속 변수	독립 변수	비표준 계수		표준 계수	t	유의 수준	공선성 통계	
		B	표준 오차	β			허용 오차	VIF
벤처캐피탈 관심도	(상수)	-.674	.587		-1.148	.254		
	성별	.219	.201	.089	1.087	.280	.847	1.181
	연령	.067	.082	.076	.808	.421	.631	1.585
	공적재원 출자 규모	.373	.143	.245	2.602	.011	.634	1.578
	전체 출자 규모	.429	.135	.321	3.188	.002	.554	1.806
	투자기업 성장	.230	.105	.211	2.189	.031	.605	1.653
	VC 경력	-.024	.049	-.046	-.498	.619	.668	1.496
	공적재원 출자 규모 *VC 경력	.055	.081	.059	.671	.504	.736	1.360
	전체 출자 규모 *VC 경력	.142	.069	.191	2.062	.042	.657	1.523
	투자기업 성장 *VC 경력	-.103	.074	-.124	-1.401	.165	.724	1.382
	F-value	9.291						
	P-value	.000						
	adj-R2	.471						

또 다른 조절효과인 VC 운용 규모를 적용한 연구결과는 〈표 4-12〉와 같다. 위와 마찬가지의 방법을 사용하였으며 각 독립변수와 운용 규모(억 원)의 조절변수를 만드는 과정에서 다중공선성 문제를 최소화하기 위해 평균중심화과정을 거친 후 조절변수를 생성하였다. 분석결과, 운용 규모(억 원)의 조절효과를 포함한 회귀모형의 적절성을 의미하는 F의 유의수준이 .05 이하로 회귀식이 적절하였다. 독립변수들이 종속변수에 미치는 영향력을 의미하는 수정된 R제곱의 값이 .389로 약 38.9%를 설명하는 것으로 나타났다. 또한 모든 변수의 VIF값이 10 이하로 나타나 다중공선성 문제가 나타나지 않았다. 구체적인 분석결과는 다음과 같다.

공적재원 출자 규모 확대에 대한 기대, 총 출자 규모 확대에 대한 기대, 투자기업 성장에 대한 기대는 모두 위와 같이 벤처캐피탈 관심도에 유의미한 정(+)의 영향을 미치는 것으로 나타났다. 하지만 조절변수를 적용하였을 경우 벤처캐피탈 운용 규모에 따른 공적재원 출자 규모 확대에 대한 기대는 농식품 분야 벤처캐피탈 관심도에 유의미한 영향을 미치지 못하는 것으로 나타났다(β=0.057, p=0.453). 전체 출자 규모 증가에 대한 기대(β=-0.089, p=0.463)와 투자기업 성장에 대한 기대(β=0.036, p=0.745) 또한 마찬가지의 결과를 나타냈다.

〈표4-12〉 연구모형 모델1 조절효과(VC 운용 규모) 회귀분석

종속 변수	독립 변수	비표준 계수		표준 계수	t	유의 수준	공선성 통계	
		B	표준 오차	β			허용 오차	VIF
벤처 캐피탈 관심도	(상수)	−.249	.626		−.398	.691		
	성별	.151	.200	.061	.753	.453	.906	1.104
	연령	.053	.074	.061	.717	.475	.831	1.203
	공적재원 출자 규모	.316	.149	.208	2.122	.037	.618	1.619
	전체 출자 규모	.375	.148	.281	2.533	.013	.481	2.078
	투자기업 성장	.268	.108	.245	2.475	.015	.603	1.658
	운용 규모(억 원)	0.000E+00	.000	−.071	−.814	.418	.785	1.274
	공적재원 출자 규모 *운용 규모(억 원)	.057	.076	.105	.754	.453	.307	3.258
	전체 출자 규모 *운용 규모(억 원)	−.089	.120	−.122	−.736	.463	.215	4.645
	투자기업 성장 *운용 규모(억 원)	.036	.110	.053	.326	.745	.223	4.490
	F-value	8.288						
	P-value	.000						
	adj-R2	.389						

스타트업을 키우는 농림수산식품 모태펀드

2. 연구모형 모델2 연구가설 검증

2.1. 기술통계분석

연구모형 모델2의 경우 확보된 통계자료를 기반으로 분석을 실시한다. 본 연구에서는 기존의 통계치 수집을 통해 2차 가공한 자료의 경우 신뢰도와 타당도가 확보된 상태라고 판단하며, 별도의 분석을 실시하지 않는다. 이에 기간 내 수집한 각 변수의 특성을 파악하기 위하여 기술통계량을 확인하였다. 각 분석결과는 가설별로 논하고자 한다.

> 가설2: 농식품펀드의 출자 규모 확대는 다른 관련요인을 통제하였을 때 농식품기업 성장에 정(+)의 영향을 미칠 것이다.

농식품펀드 출자 규모 확대가 농식품기업 성장에 미치는 영향에 대하여 검증하고자 하는 가설2의 각 변수에 관한 기술통계 분석결과는 〈표4-13〉과 같다. 출자 규모(정부)의 평균은 74억 원, 표준편차는 34억 원으로 나타났고 민간자금을 더한 총 출자금액의 평균은 131억 원, 표준편차는 68억 원으로 나타났다. 재무적 성장을 나타내는 매출액 증감의 경우 평균은 11.6, 표준편차는 31.6으로 나타났다. 비재무적 성장을 나타내는 고용인원 증감 또한 평균 0.9, 표준편차는 2.2로 나타났다. 자본금의 평균은 1,064억 원, 표준편차는 5,112억 원으로 나타났다. 업력의 평균은 12년, 표준편차는 10년으로 나타났으며 심사역 수의 평균은 11명, 표준편차는 24명으로 나타났다. 각 변수에 대한 왜도와 첨도가 0과 멀어 정규성을 만족하지 못할 수 있다. 따라서 정규성을 가정하는 선형회귀분석과 정규성을 가정하지 않을 때 사용할 수 있는 로지스틱 회귀분석 두 가지를 모두 활용하여 가설을 검증하고자 한다.

〈표4-13〉 연구모형 모델2 가설2 기술통계분석결과

구분	변수	N	최소값	최대값	평균	표준편차	왜도	첨도
독립 변수	출자 확대 (정부)	94	9.0	162.0	74.383	34.0815	.307	-.14
	출자 확대 (정부+민간)	94	15.0	349.0	130.5851	68.4406	.727	.628
종속 변수	농식품기업 투자금액	94	0.0	286.0	98.383	57.9633	.561	.446
	재무적 성장 (매출액 증감율)	94	-.04	204.06	11.5694	31.59320	4.180	18.641
	비재무적 성장 (고용인원 증감율)	94	0.0	19.31	0.9818	2.15623	6.915	57.094
통제 변수	자본금	94	0.0	43,780.0	1063.5	5,112.289	7.384	57.353
	업력	94	1.0	49.0	11.6383	10.3735	1.582	2.536
	심사역수	94	0.0	212.0	10.8298	23.8434	7.271	57.821

특수목적펀드 출자 규모 확대가 농식품기업 성장에 미치는 영향에 대하여 검증하고자 하는 가설3의 각 변수에 관한 기술통계 분

석결과는 〈표4-14〉와 같다. 출자 규모(정부)의 평균은 69.2억 원, 표준편차는 33.6억 원으로 나타났고 민간자금을 더한 총 출자금액의 평균은 100.2억 원, 표준편차는 51억 원으로 나타났다. 재무적 성장을 나타내는 매출액 증감의 경우 평균은 12.4, 표준편차는 28.4로 나타났다. 비재무적 성장을 나타내는 고용인원 증감 또한 평균 1.3, 표준편차는 2.9로 나타났다. 자본금의 평균은 697억 원, 표준편차는 3,391억 원으로 나타났다. 마찬가지로 종속변수인 매출액과 고용인원 증감률 변수의 경우 왜도와 첨도가 0과 멀어 정규성을 만족하지 못할 수 있다. 따라서 정규성을 가정하는 선형회귀분석과 정규성을 가정하지 않을 때 사용할 수 있는 로지스틱 회귀분석을 모두 활용하여 연구가설을 검증하고자 한다.

가설3: 특수목적펀드 출자 규모 확대는 다른 관련요인을 통제하였을 때 농식품기업 성장에 정(+)의 영향을 미칠 것이다.

<표4-14> 연구모형 모델2 가설3 기술통계분석결과

구분	변수	N	최소값	최대값	평균	표준편차	왜도	첨도
독립 변수	출자 확대 (정부)	49	13.00	144.0	69.2449	33.61332	.578	.340
	출자 확대 (정부+민간)	49	18.00	266.0	100.2245	51.02665	1.055	.340
종속 변수	농식품기업 투자금액	49	0.00	250.0	78.7143	53.25998	.930	.340
	재무적 성장 (매출액 증감율)	49	−.04	122.35	12.3963	28.41357	3.077	.340
	비재무적 성장 (고용인원 증감율)	49	0.00	19.31	1.2743	2.90023	5.297	.340
통제 변수	자본금	49	0.00	23,869.0	697.449	3391.04	6.926	.340
	업력	49	1.00	49.0	11.2245	9.08815	1.859	.340
	심사역수	49	0.00	105.0	9.0204	14.808	5.930	.340

2.2. 상관관계 분석

변수 간의 연관성을 확인하고 또한 변수 간의 다중공선성을 확인하기 위하여 상관관계 분석을 실시하였다. 다중공선성이란 사용된 모형의 일부 예측변수가 다른 예측변수와 상관정도가 높아 데이터 분석 시 부정적인 영향을 미치는 현상을 말하는데, 본 연구에서는 정부출자 규모의 확대와 정부와 민간자금을 포함한 총 출자규모의 확대라는 개념적으로는 상이하나 통계 수치적으로는 유사한 결과값을 가지는 개념의 변수를 활용하였기 때문에 중요한 검증 절차로 삼고 있다. 이 또한 가설2와 가설3을 구분하여 분석하고자 한다. 가설4의 경우 가설2와 전제하는 값이 동일하므로 별도로 분석하지 아니한다.

가설2: 농식품펀드의 출자 규모 확대는 다른 관련요인을 통제하였을 때 농식품기업 성장에 정(+)의 영향을 미칠 것이다.

가설2의 상관관계 분석결과 〈표4-15〉와 같이 출자 규모 확대(정부)는 출자 규모 확대(정부+민간)와 유의미한 정의 상관관계가 있는 것으로 나타났고(r=.839, p<.001), 농식품기업 투자와도 유의미한 정의 상관관계가 있는 것으로 나타났다(r=.838, p<.001). 반면에 출자 규모 확대(정부)는 재무적 성장(r=0.194, p>.05) 및 비재무적 성장(r=-0.015, p>.05)과는 유의미한 상관관계가 없는 것으로 나타났는데 이는 재무적 성장과 비재무적 성장이 범주형 데이터로서 성장 여부에 따라 '0'과 '1'로 구분되는 데이터로 코딩되었기 때문에 나타나는 당연한 결과로 분석된다. 범주형 데이터의 신뢰도를 분석하려면 이를 연속형 데이터로 변환하여 검증하여야 하는데 본 연구에서는 재무적 성장, 비재무적 성장 종속변수에 로지스틱 회귀분석을 활용하기로 하였기에 해당 과정이 불필요하다 판단하여 생략하기로 한다.

이에 가설2의 상관관계 분석결과를 정리하면, 출자 규모 확대와 농식품기업 투자라는 주요 변수는 유의미한 상관관계가 있는 것으로 나타났다. 다만 분석결과 출자 규모 확대(정부)와 출자 규모 확대(정부+민간)의 상관관계, 출자 규모 확대(정부+민간)와 농식품기업 투자의 상관관계, 자본금과 심사역 수의 상관관계가 매우 높아 다중공선성 문제가 발생할 수 있어 출자 규모 확대(정부+민간)와 심사역 수를 연구모형에서 제외하고 가설을 점검하였다. 높은 상관관계가 나타나는 이유는 연구표본(n=94)이 적은 것 때문으로 파악된다.

〈표4-15〉 연구모형 모델2 가설2 상관관계 분석

구분	변수	출자 확대 (정부)	출자 확대 (정부+민간)	농식품 기업 투자	재무적 성장	비재무적 성장	자본금	업력	심사역 수
독립 변수	출자 확대 (정부)	1							
	출자 확대 (정부+민간)	.839***	1						
종속 변수	농식품기업 투자	.838***	.933***	1					
	재무적 성장	0.194	0.119	0.154	1				
	비재무적 성장	−0.015	−0.088	−0.066	0.048	1			
통제 변수	자본금	0.128	0.183	.240**	−0.050	−0.050	1		
	업력	0.109	0.153	0.139	0.103	−0.051	.544***	1	
	심사역수	0.145	0.187	.230**	−0.037	−0.047	.976***	.604***	1

※ $p < 0.001$ ***, $p < 0.01$ **, $p < 0.05$ *

　　　　　　　　　　스타트업을 키우는 농림수산식품 모태펀드

가설3: 특수목적펀드 출자 규모 확대는 다른 관련요인을 통제하
였을 때 농식품기업 성장에 정(+)의 영향을 미칠 것이다.

　가설3의 상관관계 분석결과 〈표4-16〉과 같이 출자 규모 확대
(정부)는 출자 규모 확대(정부+민간)와 유의미한 정의 상관관계가 있
는 것으로 나타났다(r=.906, p<.01). 농식품기업 투자와도 유의미한
정의 상관관계가 있는 것으로 나타났다(r=.886, p<.01). 출자 규모 확
대(정부)는 농식품기업의 재무적 성장 증감률과 유의미한 상관관계
가 있다고(r=.295, p<.05) 분석되었는데, 비재무적 성장과는 상관관계
가 없는 것(r=-.006, p>.05)으로 나타났다. 본 가설에서도 가설2와 마
찬가지로 재무적 성장과 비재무적 성장은 범주형 데이터로 신뢰도
를 분석하기에 적합하지 않은 성격을 가진 통계자료이므로 분석에
서 제외하기로 한다. 마찬가지로 출자 규모 확대(정부)와 출자 규모
확대(정부+민간)의 상관관계가 매우 높아 다중공선성 문제가 발생할
수 있으므로 본 모형 가설 검증에서는 출자 규모 확대(정부+민간)와
심사역 수는 제외하기로 한다.

〈표4-16〉 연구모형 모델2 가설3 상관관계 분석

구분	변수	출자 확대 (정부)	출자 확대 (정부+민간)	농식품 기업 투자	재무적 성장	비재무적 성장	자본금	업력	심사역수
독립 변수	출자 확대 (정부)	1							
	출자 확대 (정부+민간)	.906**	1						
종속 변수	농식품기업 투자	.886**	.931**	1					
	재무적 성장	.295*	.232	.253	1				
	비재무적 성장	−.006	−.071	−.033	.071	1			
통제 변수	자본금	.258	.480**	.464**	−.059	−.035	1		
	업력	.107	.276	.213	−.058	−.095	.641**	1	
	심사역수	.299*	.514**	.491**	−.078	−.031	.961**	.724**	1

※ p〈0.001 ***, p〈0.01 **, p〈0.05 *

2.3. 회귀분석

본 연구에서는 가설을 검증하기 위해 선형회귀분석과 로지스틱 회귀분석을 실시하였다. 로지스틱 회귀분석의 경우 종속변수가 감소하거나 변화가 없는 경우는 0, 증가한 경우 1로 코딩하여 분석에 활용하였다. 선형회귀분석의 경우, β값이 양수인 경우 독립변수가 증가할 때 종속변수도 증가함을 의미한다. 결국, OR 값이 1보다 크면 독립변수가 증가할 때 종속변수가 1일 가능성이 증가함을 의미하고 OR 값이 1보다 작으면 독립변수가 증가할 때 종속변수가 감소함을 의미한다. 로지스틱 회귀분석의 경우, OR(오즈비)는 자연상수에 비표준화계수를 지수로 하는 값을 의미한다. OR 값이 1보다 크면 독립변수가 한 단위 증가할 때 종속변수의 증가비율이 OR 값만큼 변화한다는 것을 의미한다. 연구결과의 통일성 유지를 위해 두 분석 방식을 모두 적용한 결과값을 제시하였으나 적용한 분석 방식은 종속변수 '농식품기업 투자' 증가를 검증할 경우 선형회귀분석을 활용하였으며, 재무적 성장과 비재무적 성장을 검증할 경우에는 로지스틱 회귀분석을 실시하였다.

가설2: 농식품펀드의 출자 규모 확대는 다른 관련요인을 통제하였을 때 농식품기업 성장에 정(+)의 영향을 미칠 것이다.

가설2를 대상으로 선형회귀분석을 실시한 결과, 출자 규모 확대(정부)는 농식품기업 투자에 유의미한 정(+)의 영향을 미치는 것으로 나타났다(β=0.822, p<.001). 로지스틱 회귀분석결과 또한, 출자 규모 확대(정부)는 농식품기업 투자에 유의미한 정(+)의 영향을 미치는 것으로 나타났다(OR=1.116, p<.05). 피투자기업의 재무적 성장과 비재무적 성장의 경우 선형회귀분석의 결과, 출자 규모 확대(정부)는 재무적 성장(매출액)에 유의미한 영향을 미치지 못하는 것으로 나타났으나(β=-0.03, p>.05) 로지스틱 회귀분석의 결과, 출자 규모 확대(정부)는 재무적 성장(매출액)에 유의미한 정(+)의 영향을 미치는 것으로 나타났다(OR=1.062, p<.05). 선형회귀분석의 결과, 출자 규모 확대(정부)는 비재무적 성장(고용인원 증가)에 유의미한 영향을 미치지 못하는 것으로 나타났으나(β=-0.01, p>.05) 로지스틱 회귀분석의 결과, 출자 규모 확대(정부)는 비재무적 성장(고용인원 증가)에 유의미한 정(+)의 영향을 미치는 것으로 나타났다(OR=1.042, p<.05).

　　선형회귀분석의 경우 농식품기업 투자에만 출자 규모 확대(정부)가 유의미한 정(+)의 영향을 미치는 것으로 나타났다. 그러나 로지스틱 회귀분석의 경우 모든 종속변수에 정(+)의 영향을 미치는 것으로 나타났다. 이러한 결과의 이유는 재무적 성장과 비재무적 성장의 경우 종속변수의 값의 범위가 넓어 범주형 값을 적용하였기에 선형회귀분석을 하기에 적합하지 않으며, N수는 작아 왜도와 첨도가 정규분포에 가깝지 못하여 정규성을 가정하는 선형회귀분석에서는 유의미하지 않기 때문인 것으로 판단된다. 재무적 성장과 비재무적 성장은 로지스틱 회귀분석이 적합한 분석방법이므로 이에 기반하여 유의미한 영향을 미치는 것으로 판단된다.

〈표4-17〉 연구모형 모델2 가설2 회귀분석

종속변수	농식품기업 투자		재무적 성장		비재무적 성장	
	분석회귀식 (OLS)	Logit회귀식 (ref=0: 감소, 변화 없음)	분석회귀식 (OLS)	Logit회귀식 (ref=0: 감소, 변화 없음)	분석회귀식 (OLS)	Logit회귀식 (ref=0: 감소, 변화 없음)
	β(SE)	OR(SE)	β(SE)	OR(SE)	β(SE)	OR(SE)
출자 규모 확대 (정부)	0.822 (0.096)***	1.116 (0.049)*	0.197 (0.095)	1.062 (0.02)**	−0.008 (0.007)	1.042 (0.014)**
자본금	0.154 (0.001)	1 (0.002)	−0.169 (0.001)	1 (0.001)	−0.031 (0)	1 (0)
업력	−0.035 (0.371)	0.881 (0.114)	0.174 (0.371)	1.011 (0.065)	−0.033 (0.026)	1.054 (0.054)
R-squared	.721		.065		.003	
Cox & Snell R2		.174		0.154		0.132
Log Likelihood		15.164		38.952		58.4
Wald chi2		37.126		41.281		38.662

※ *** p $\langle$ 0.01, ** p $\langle$ 0.05, * p $\langle$ 0.1

가설3: 특수목적펀드 출자 규모 확대는 다른 관련요인을 통제하였을 때 농식품기업 성장에 정(+)의 영향을 미칠 것이다.

총 94개의 표본 중 49개의 특수목적펀드에 대한 출자 규모(정부)가 농식품기업 투자에 미치는 영향을 검증하였다. 분석결과는 다음과 같다. 선형회귀분석의 결과, 특수목적펀드의 출자 규모 확대(정부)는 농식품기업 투자에 유의미한 정(+)의 영향을 미치는 것으로 나타났다(β=0.817, p<.001). 로지스틱 회귀분석의 결과, 특수목적펀드의 출자 규모 확대(정부)는 농식품기업 투자에 유의미한 영향을 미치지 못한 것으로 나타났다(OR=1.18, p>.05). 이는 충분한 표본 값이 확보되지 않았으며 본 데이터의 경우 마이너스 값이 존재할 수 없으며 증감을 나타내지 않아 명목척도로 측정하기 어려운 값이기 때문에 적합하지 않은 분석방법이라고 판단된다.

로지스틱 회귀분석의 결과, 특수목적펀드의 출자 규모 확대(정부)는 재무적 성장(매출액)에 유의미한 정(+)의 영향을 미치는 것으로 나타났다(OR=1.055, p<.05). 또 특수목적펀드의 출자 규모 확대(정부)는 비재무적 성장(고용인원 증가)에 유의미한 정(+)의 영향을 미치는 것으로 나타났다(OR=1.048, p<.05). 로지스틱 회귀분석의 경우 농식품기업 투자에는 유의미한 영향이 나타나지 않았지만 재무적 성장(매출액)과 비재무적 성장(고용인원 증가)에 정(+)의 영향을 미치는 것으로 나타났다. 이러한 결과의 이유는 재무적 성장과 비재무적 성장의 경우 종속변수의 값의 범위가 넓어 범주형 값을 적용하였기에 선형회귀분석을 하기에 적합하지 않으며, N수는 작아 왜도와 첨도가 정규분포에 가깝지 못하여 정규성을 가정하는 선형회귀분석에서는 유의미하지 않은 것으로 판단된다. 재무적 성장과 비재무적 성장은 로지스틱 회귀분석이 적합한 분석방법이므로 이에 기반하여 유의미한 영향을 미치는 것으로 판단된다.

종속변수	농식품기업 투자		재무적 성장		비재무적 성장	
	분석회귀식 (OLS)	Logit회귀식 (ref=0: 감소, 변화 없음)	분석회귀식 (OLS)	Logit회귀식 (ref=0: 감소, 변화 없음)	분석회귀식 (OLS)	Logit회귀식 (ref=0: 감소, 변화 없음)
	β(SE)	OR(SE)	β(SE)	OR(SE)	β(SE)	OR(SE)
출자 규모 확대 (정부)	0.817 (0.096)***	1.18 (0.095)	0.332 (0.124)*	1.055 (0.024)**	-0.004 (0.013)	1.048 (0.02)**
자본금	0.293 (0.001)	1 (0.001)	-0.143 (0.002)	1(0)	0.045 (0.000)	1 (0)
업력	-0.062 (0.449)	0.773 (0.172)	-0.002 (0.576)	0.987 (0.072)	-0.124 (0.062)	1.05 (0.068)
R-squared	.846		.106		.010	
Cox & Snell R2		0.259		0.155		0.159
Log Likelihood		7.880		28.159		38.227
Wald chi2		20.990		20.424		16.347

※ *** p 〈0.01, ** p 〈0.05, * p 〈0.1

가설4: 농식품펀드 공적재원 출자금이 일정 규모 이상 증가하면 오히려 농식품기업 성장에 음(-)의 영향을 미칠 것이다.

농식품모태펀드의 공적재원 출자금이 일정 규모 이상 증가하면 오히려 농식품기업 투자에 음(-)의 영향을 미칠 수 있다는 가설을 검증하기 위해 독립변수를 제곱한 항을 회귀식에 포함시켜 분석을 진행하였다. 분석결과 모든 종속변수에 대해 음(-)의 방향으로 영향을 미치나 통계적으로 유의미한 수준의 영향이 나타나지 않았다. 이에 가설을 기각하도록 한다.

〈표4-19〉 연구모형 모델2 가설4 회귀분석

종속변수	농식품기업 투자		재무적 성장		비재무적 성장	
	분석회귀식 (OLS)	Logit회귀식 (ref=0: 감소, 변화 없음)	분석회귀식 (OLS)	Logit회귀식 (ref=0: 감소, 변화 없음)	분석회귀식 (OLS)	Logit회귀식 (ref=0: 감소, 변화 없음)
	β(SE)	OR(SE)	β(SE)	OR(SE)	β(SE)	OR(SE)
출자 규모 확대 (정부)	0.865 (0.355)	0.887 (0.316)	0.345 (0.354)	1.08 (0.063)	−0.185 (0.025)	1.06 (0.04)
출자 규모 확대 (정부) 2	−0.045 (0.002)	1.004 (0.007)	−0.154 (0.002)	1 (0.001)	0.184 (0)	1 (0)
자본금	0.154 (0.001)	1.001 (0.002)	−0.171 (0.001)	1 (0.001)	−0.028 (0)	1 (0)
업력	−0.034 (0.374)	0.848 (0.128)	0.175 (0.372)	1.015 (0.067)	−0.035 (0.026)	1.06 (0.056)
R-squared	.721		.066		.006	
Cox & Snell R2		.181		0.155		0.134
Log Likelihood		14.3		38.8		58.2
Wald chi2		37.126		41.281		38.662

※ *** p 〈0.01, ** p 〈0.05, * p 〈0.1

3. 연구가설 심층 분석

본 연구에서는 정부재원의 증가 그리고 조성 규모의 증가가 벤처캐피탈시장의 농식품기업에 대한 관심, 나아가 투자로 이어지는지에 대한 관계와 특수목적펀드의 조성이 해당 분야 기업의 성장으로 이어지는지에 대한 관계에 대하여 농식품투자조합을 운용하는 벤처캐피탈 전문 심사역 20인을 대상으로 델파이 기법에 착안하여 추가 심층 인터뷰를 진행하였다. 추가적으로 농식품산업에 대한 벤처캐피탈의 관심도가 저조한 이유와 이러한 관심도가 확대되기 위해서는 어떠한 역할이 필요한지에 대하여 추가적인 심층 질문을 진행함으로써 기존 변수 간 관계와 가설 검증에 신뢰도를 더하였다. 심층 인터뷰 대상자 20인을 대상으로 진행한 내용을 현재 농식품모태펀드를 통한 농식품기업 투자에 느끼는 한계점, 규모 증가의 필요성, 향후 과제 세 가지 관점으로 요약하여 〈표4-20〉에 정리하였다.

첫 번째로 검증하고자 한 내용은 가설1-2와 관련하여 '농식품펀드의 공적재원 출자 규모 확대는 농식품펀드의 민간자금 유인효과에 정(+)의 영향을 미칠 것이다'이다. 이에 대한 벤처캐피탈의 공통된 의견을 요약한 의견은 크게 두 가지이다. 첫째, 농식품펀드는 펀드의 주목적 투자대상이 한정된다는 특징으로 인해 민간투자자(LP, 유한책임조합원)의 자금을 유치하기가 어려운 상황이다. 민간LP 유인의 어려움이 있는 초기 단계는 특히나 정부의 높은 출자비율이 절실한 상황이며, 이러한 출자는 농식품산업에 대한 벤처캐피탈의 관심으로 이어질 수밖에 없는 자연스러운 연계 구조이다. 둘째, 정부의 정책적 방향성이 주는 시의성이다. 정책적으로 육성이 필요한 분야라는 의미를 주기도 하며 이는 해당 시장에 긍정적인 신호로 작용한다. 그 외 나머지는 회귀분석결과와 마찬가지로 출자 규모의 증가는 투자재원의 확보로 이어지며 확보된 투자재원을 기반으로 펀드를 결성하면 농식품기업에 대한 투자로 이어진다는, 어찌 보면 당연한 질의라고 공통적인 답변을 내놓았다.

추가로 관심 있게 지켜봐야 하는 결론은 벤처캐피탈시장이 농식품펀드 운용에 있어 가장 큰 애로사항으로 꼽은 것이 바로 민간투자자(LP) 모집이라는 점이다. 민간투자자를 유인하기 위해서는 또 단순히 출자재원이나 규모를 늘리는 접근보다는 농식품펀드의 우수한 성과를 공유하고, 보다 많은 투자기관들에게 홍보함으로써 그 저변을 넓혀야 한다.

NO	직책/ 경력	운용사 aum	주요내용
1	5~7년/ 팀장	1,200억	**(한계)** 타 산업 대비 저성장, 소규모 경영체의 수가 많아 민간LP 모집에 애로사항 존재 **(규모 증가)** 벤처캐피탈 업계 및 민간LP의 관심도 제고를 위한 정부출자 증가 필요 **(향후 과제)** 정부출자 확대를 통한 대형펀드의 출시(600억 이상) 필요하며, 이를 통한 농식품 분야 대표 유니콘기업의 등장 필요
2	7년 초과/ 전무	3,500억	**(한계)** 아직 자본시장에서 자생적으로 살아남을 수 있는 규모를 갖춘 기업이 탄생하기까지는 시간이 필요함 **(규모 증가)** 농식품 분야의 특수성, 민간참여 제한, 국가 기간산업으로 정부의 일정부분 개입과 시장확대를 위한 자금 유입 필요 **(향후 과제)** 스타기업의 육성, 산업 정책적 패러다임 전환, 회수시장 확대를 통한 자본시장 진입 기회 부여 등의 노력 필요
3	7년 초과/ 부사장	4,000억	**(한계)** 농식품기업은 글로벌 경쟁력이 다소 약하며 극복을 위해서는 규모화 필요 **(규모 증가)** 민간LP의 관심도가 타 산업 대비 부족, 정부의 출자비율이 이러한 애로사항 해결에 도움이 됨 **(향후 과제)** 농식품산업 자체는 미래 융복합 산업으로 관심도가 높은 분야이다. 그러나 아직까지 관심도 저조, 긴 소요기간 등의 애로사항이 존재하니 펀드의 규모 확대와 정부의 적극적 지지 필요함
4	7년 초과/ 상무	2,000억	**(한계)** 농식품벤처기업의 경우 초기의 FI투자 접근이 어려워 별도의 특수목적펀드 등의 조성이 필요한 현실 **(규모 증가)** 시장 규모의 차이는 있으나 소부장 펀드 사례와 같이 규모의 확대 필요 **(향후 과제)** 주목적 투자 분야에 대한 유연성을 부여하고, 다양한 특수목적펀드를 조성하여 시장의 외연을 넓힐 수 있도록 해야 함
5	5~7년/ 대표	2,000억	**(한계)** 다양한 성공사례가 아직 부족하며, 타 산업 대비 성장의 속도가 느려서 관심도가 저조할 수 있음 **(규모 증가)** 정부출자재원의 확대는 펀드 결성을 용이하게 하고, 이는 곧 정책 목적에 맞는 투자 확대로 직결되는 구조 **(향후 과제)** 벤처캐피탈시장 내 투자의 단위(규모)가 커지고 있으므로, 이에 맞게 펀드의 규모도 키워야 할 필요성이 존재하며, 기후변화, 식량위기 등의 문제에 대응하는 것이 새로운 기회로 생각됨(혁신, 변화 필요)

NO	직책/경력	운용사 aum	주요내용
6	5~7년/상무	2,300억	**(한계)** 투자기간이 길고 수익률이 낮은 편으로 타 펀드 대비 유입을 위한 매력도가 낮음 **(규모 증가)** 낮은 유입률의 극복을 위해 필요한 것이 높은 정부출자비율임 **(향후 과제)** 회수까지의 기간이 너무 오래 걸리고, 이에 대한 기대 수익률도 낮은 편이다. 회수시장의 활성화를 위한 세컨더리 펀드 등의 유입 또한 중요할 것임
7	7년 초과/대표	2,000억	**(한계)** 수익률 예측이 더 어려우며, IPO, M&A 등을 통한 회수가능성도 낮음 **(규모 증가)** LP확보의 어려움이 존재하여, 정부의 출자재원과 비중이 증가하면 선순환 구조로 이어지기 좋음 **(향후 과제)** 최근 코로나, 1인가구, 빠른 배송, 고부가가치 상품에 대한 니즈 증가 등의 변화로 인해 젊은 창업가들의 농식품스타트업 창업율이 증가하고 있음 → 이를 뒷받침해 줄 수 있는 펀드의 조성이 필요함
8	5~7년/상무	3,000억	**(한계)** 현재 농식품펀드는 초기기업 투자에 적합한 소규모 사이즈의 펀드가 많은 상황이나, 향후 지속적인 기업의 성장 등을 위해서는 후속투자를 위한 규모 있는 펀드의 조성이 필요함(펀드 대형화) **(규모 증가)** 타 펀드 대비 관심도, 성장 예상도, 지역 위치 등에서 경쟁력이 약하므로 정부의 출자비중이 투자자들에게는 매우 중요 **(향후 과제)** 꾸준한 후행투자, 기술영역에 대한 투자 확대, 수출지원 등이 필요
9	7년 초과/부사장	1,500억	**(한계)** 농식품산업의 안정성 대비 수익률이 적게 나오는 한계 **(규모 증가)** 기본적인 투자재원이 확대되어야 산업의 성장성이 높아짐 **(향후 과제)** 농식품산업 밸류체인 전반에 대한 벤처캐피탈시장의 지식이 부족한 상황, 이에 대한 적절한 자료를 제공하고 관심도를 가질 수 있도록 유인할 필요가 존재, 투자자들에게는 회수 후까지 안정감 부여 필요
10	5~7년/이사	7,000억	**(한계)** 산업의 중요성은 인지하고 있고 관심도 또한 높아지고 있는 상황이나, 이를 뒷받침해줄 수 있을 만큼 펀드의 수가 많지 않으며, 해당 분야 투자 관련 교육 등이 부족 **(규모 증가)** 정부의 출자가 증가하면 민간자금의 매칭이 보다 용이해지며, 이는 더욱 큰 펀드를 결성할 수 있는 유인책으로 작용 **(향후 과제)** 농식품산업이 기술과 접목하면서 전환점에 놓여 있다고 생각됨, 이러한 기술적인 발전과 성장을 더욱 지지하기 위해서는 규모화 있는 펀드 조성을 통한 투자가 필요

NO	직책/ 경력	운용사 aum	주요내용
11	7년 초과/ 총괄	1,500억	(한계) 아직까지는 타 산업 대비 미성숙한 벤처 생태계의 특성을 보이고 있음 (규모 증가) 자펀드의 숫자를 늘려야 할 필요, 다양성을 확보하는 것이 벤처캐피탈 산업의 관심도로 이어질 것으로 기대 (향후 과제) 미래지향적 운용 가이드, 산업발굴 및 연구, 해외진출, 선도기술 확보 등의 노력이 필요할 것으로 보임
12	3~5년/ 이사	3,000억	(한계) 지나치게 좁거나 제한적인 투자대상 요건은 투자에 애로사항을 발생시킴 (규모 증가) 민간자금의 매칭이 어려운 편이라 정부출자비율이 높아지는 것이 큰 도움 (향후 과제) 최근 농식품 분야 스타트업들의 증가율이 높은 추세로 투자기회가 많이 보임
13	5~7년/ 대표	2,500억	(한계) 회수까지 장기간 소요되고, 산업 자체가 다소 폐쇄적이며, 부동산 이슈 등이 존재하는 것이 투자 시 애로사항 (규모 증가) 스타트업 기업을 성장시키는 데 필요한 자본금은 지속적으로 공급되어야 함 (향후 과제) 기후변화, 식량안보 문제와 직결되어 향후 지속 가능한 유망산업으로 주목하고 있는 분야임
14	7년 초과/ 대표	2,000억	(한계) 농식품펀드의 규모를 확대할 필요 존재 → 다양한 유망 스타트업들이 등장하며 이들의 규모화를 위한 대형투자가 필요 (규모 증가) 정부출자금의 증가, 민간자금의 증가 등 모든 자금조달을 통한 규모의 확대가 필요함 (향후 과제) 농업 분야는 '식'문화와 밀접하게 관련이 있으며 의료, 바이오 분야로까지 확대될 수 있음 → 농업 스타트업기업의 성장 전망과 펀드 참여에 대한 관심도가 높음
15	5~7년/ 이사	1,000억	(한계) 최근 시장의 기업가치가 많이 커지고 있어, 투자를 위한 재원확보가 더 필요함 → 펀드 결성 규모의 확대 필요 (규모 증가) 정부출자 증가를 통한 자펀드의 수 확대 필요 (향후 과제) 최근 식량안보, 수출경쟁력 강화 등의 문제와 연계하여 국내 농식품산업이 경쟁력을 갖추고 더 성장할 수 있는 발판이 필요하다고 생각 → 농식품펀드를 통해 이러한 기업이 성장할 수 있는 투자 관점의 발판이 필요하고 → 농금원 입장에서는 이 과정을 지지하는 컨설팅 등의 지원 역할도 강화할 필요

NO	직책/경력	운용사 aum	주요내용
16	3~5년/팀장	2,000억	**(한계)** 유망 농식품기업의 성장을 시의적절하게 지원하기 위해서는 후속투자 등의 역할이 매우 중요하나 현재 농식품펀드는 이러한 후속투자를 위한 펀드나 제도가 부족 **(규모 증가)** 규모의 확대는 기존에 농식품펀드에 참여하지 않았던 운용사 또한 유인할 수 있는 매력적인 요인임 **(향후 과제)** 성장을 위한 인프라(통계, 교육, 지원기관 등) 확보가 필요할 것으로 보여짐
17	3~5년/전무	1,000억	**(한계)** 아직 산업이 영세하고, 혁신역량이 부족한 상태로 장기관점의 투자 필요 **(규모 증가)** 자본시장 성격의 단기적 수익을 추구하는 펀드가 아니기 때문에 정부 차원의 출자 확대 등의 리드가 필요 **(향후 과제)** 벤처캐피탈은 과감한 투자가 주요한 과제일 것이고, 정부는 투자재원의 확보와 다양한 펀드의 출시가 주요한 과제
18	1~3년/심사역	1,500억	**(한계)** 성공적인 투자 및 청산 사례가 일반 벤처펀드에 비하여 부족하였고, 민간LP 모집의 난이도가 상당히 높은 것이 애로사항 **(규모 증가)** 정부출자의 증가는 자연스럽게 시장의 관심도로 이어질 것이라 생각 **(향후 과제)** 농식품 유관산업의 성장 잠재력이 매우 높고, 성공사례도 지속적으로 늘어가고 있는 추세임 → 이를 동력으로 하여 농식품펀드 투자 우수사례 등을 보다 적극적으로 알리고 홍보할 필요성이 존재
19	1~3년/팀장	8,000억	**(한계)** 대규모 스케일업 투자가 부족 **(규모 증가)** 펀드재원의 증가는 투자기업의 증가로 이어지고 이는 산업역량 증가로 연결 **(향후 과제)** 농업의 규모화가 필요함 → 산업 자체의 경쟁력과 문화 제고 필요
20	7년 초과/책임심사역	1조	**(한계)** 회수가 어려운 애로사항 존재, 초기기업 투자에 집중되어 있는 구조 **(규모 증가)** 펀드 조성을 통한 투자금 확대가 용이해지며 투자수요도 증가할 것으로 기대 **(향후 과제)** 극 초기부터 IPO 단계까지 기업의 성장단계별로 적합한 펀드를 다양하게 출시하여 마련하고, 이를 투자자와 벤처캐피탈에게 적극적으로 홍보하는 것이 필요

스타트업을 키우는 농림수산식품 모태펀드

4. 분석결과 정리

연구모형1을 살펴보면 가설 검증 결과 가설1-1부터 1-3까지 모두 채택되었으며, 조절변수를 적용한 경우는 가설 1-5만 채택되었다. 즉, 농식품펀드 출자금 확대에 대한 벤처캐피탈의 인식 증가는 농식품 분야에 대한 벤처캐피탈의 관심도 증가에 정(+)의 영향을 미치고 있으며, 이는 벤처캐피탈 VC 심사역의 경력과는 무관하며 벤처캐피탈의 운용 규모가 큰 운용사일수록 전체 출자금(공적+민간재원) 확대에 대한 인식 증가가 농식품 분야에 대한 관심도에 영향을 주는 것으로 분석된다.

연구모형2를 살펴보면 가설2와 가설3 모두 채택되었으며 가설4의 경우 기각되었다. 즉, 가설2와 3에 의하면 농식품펀드의 출자 규모 확대는 다른 관련요인을 통제하였을 때 농식품기업 성장에 정(+)의 영향을 미치며, 특수목적펀드의 경우 또한 마찬가지로 유의미한 영향을 미치는 것으로 판단된다. 가설4는 공적재원 출자 규모가 일정 규모 이상 증가하면 오히려 농식품기업의 성장 감소효과를 가져오는지에 대한 가설로, 공적재원 출자 규모의 증가는 감소효과와 무관하다는 분석결과가 도출되었다.

〈표4-21〉 가설채택 현황

모형	구분	내용	채택여부
연구모형 1	가설1	**농식품펀드의 출자금 확대에 대한 인식은 농식품 분야에 대한 벤처캐피탈의 관심도 증가에 정(+)의 영향을 미칠 것이다.**	
	가설 1-1	농식품모태펀드 정부출자금(공적재원) 확대에 대한 인식은 농식품 분야에 대한 벤처캐피탈의 관심도 증가에 정(+)의 영향을 미칠 것이다.	채택
	가설 1-2	농식품모태펀드 전체 출자금(공적+민간재원) 확대에 대한 인식은 농식품 분야에 대한 벤처캐피탈의 관심도 증가에 정(+)의 영향을 미칠 것이다.	채택
	가설 1-3	농식품모태펀드 투자를 통한 투자기업 성장견인에 대한 인식은 농식품 분야에 대한 벤처캐피탈의 관심도 증가에 정(+)의 영향을 미칠 것이다.	채택
	가설 1-4	조절변수인 VC 심사역 경력에 따라 농식품모태펀드 정부출자금(공적재원) 확대에 대한 인식은 농식품 분야에 대한 벤처캐피탈의 관심도 증가에 정(+)의 영향을 미칠 것이다.	기각
	가설 1-5	조절변수인 VC 심사역 경력에 따라 농식품모태펀드 전체 출자금(공적+민간재원) 확대에 대한 인식은 농식품 분야에 대한 벤처캐피탈의 관심도 증가에 정(+)의 영향을 미칠 것이다.	채택
	가설 1-6	조절변수인 VC 심사역 경력에 따라 농식품모태펀드 투자를 통한 투자기업 성장견인에 대한 인식은 농식품 분야에 대한 벤처캐피탈의 관심도 증가에 정(+)의 영향을 미칠 것이다.	기각
	가설 1-7	조절변수인 VC 운용 규모에 따라 농식품모태펀드 정부출자금(공적재원) 확대에 대한 인식은 농식품 분야에 대한 벤처캐피탈의 관심도 증가에 정(+)의 영향을 미칠 것이다.	기각
	가설 1-8	조절변수인 VC 운용 규모에 따라 농식품모태펀드 전체 출자금(공적+민간재원) 확대에 대한 인식은 농식품 분야에 대한 벤처캐피탈의 관심도 증가에 정(+)의 영향을 미칠 것이다.	기각
	가설 1-9	조절변수인 VC 운용 규모에 따라 농식품모태펀드 투자를 통한 투자기업 성장견인에 대한 인식은 농식품 분야에 대한 벤처캐피탈의 관심도 증가에 정(+)의 영향을 미칠 것이다.	기각

스타트업을 키우는 농림수산식품 모태펀드

모형	구분	내용	채택 여부
연구 모형 2	가설2	**농식품펀드의 출자 규모 확대는 다른 관련요인을 통제하였을 때 농식품기업 성장에 정(+)의 영향을 미칠 것이다.**	
	가설 2-1	농식품모태펀드 출자 규모 확대는 다른 관련요인을 통제하였을 때 농식품기업 투자금액에 정(+)의 영향을 미칠 것이다.	채택
	가설 2-2	농식품모태펀드 출자 규모 확대는 다른 관련요인을 통제하였을 때 농식품기업의 재무적 성장(매출액)에 정(+)의 영향을 미칠 것이다.	채택
	가설 2-3	농식품모태펀드 출자 규모 확대는 다른 관련요인을 통제하였을 때 농식품기업의 비재무적 성장(고용인원 증가)에 정(+)의 영향을 미칠 것이다.	채택
	가설3	**특수목적펀드 출자 규모 확대는 다른 관련요인을 통제하였을 때 농식품기업 성장에 정(+)의 영향을 미칠 것이다.**	
	가설 3-1	특수목적펀드의 출자 규모 확대는 다른 관련요인을 통제하였을 때 농식품기업 투자금액에 정(+)의 영향을 미칠 것이다.	채택
	가설 3-2	특수목적펀드의 출자 규모 확대는 다른 관련요인을 통제하였을 때 농식품기업의 재무적 성장(매출액)에 정(+)의 영향을 미칠 것이다.	채택
	가설 3-3	특수목적펀드의 출자 규모 확대는 다른 관련요인을 통제하였을 때 농식품기업의 비재무적 성장(고용인원 증가)에 정(+)의 영향을 미칠 것이다.	채택
	가설4	**농식품모태펀드의 공적재원 출자금이 일정 규모 이상 증가하면 오히려 농식품기업 투자에 음(-)의 영향을 미칠 것이다.**	
	가설 4-1	농식품모태펀드의 공적재원 출자금이 일정 규모 이상 증가하면 오히려 농식품기업 투자금액에 음(-)의 영향을 미칠 것이다.	기각
	가설 4-2	농식품모태펀드의 공적재원 출자금이 일정 규모 이상 증가하면 오히려 농식품기업의 재무적 성장(매출액)에 음(-)의 영향을 미칠 것이다.	기각
	가설 4-3	농식품모태펀드의 공적재원 출자금이 일정 규모 이상 증가하면 오히려 농식품기업의 비재무적 성장(고용인원 증가)에 음(-)의 영향을 미칠 것이다.	기각

제5장

결론

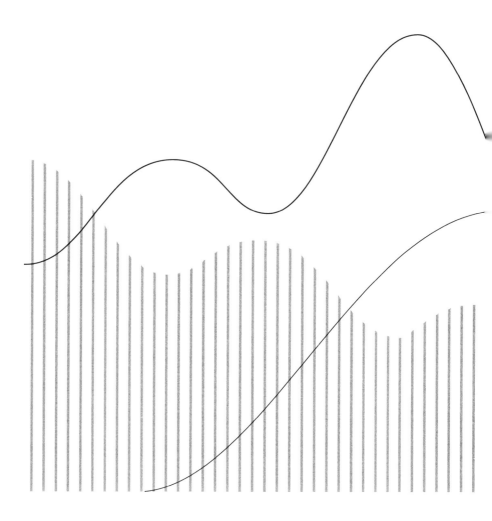

연구결과의 요약

본 연구에서는 한국벤처캐피탈시장에 대한 이해와 분석을 기반으로 농식품벤처시장 활성화를 통한 농식품기업 투자 확대를 위한 정부재정의 유입 필요성에 대해 분석해 보았다. 첫 번째는 벤처캐피탈의 전반적인 인식조사를 기반으로 한 관심도 측정이었으며 두 번째는 정부출자금의 규모와 전체 펀드 결성금액에 따른 투자 효과를 비롯하여 농식품기업 성장에 미치는 영향도, 나아가 특수목적펀드의 조성으로 인한 효과까지 실증분석을 통해 연구해 보았다.

연구결과 정부출자금 규모의 증가는 벤처캐피탈의 관심도를 증가시키는 효과를 가지며, 나아가 민간자금의 유인 효과로도 이어져 펀드 결성금액의 증대를 가져온다는 것이 밝혀졌다. 또한, 정부출자금이 일정 규모 이상을 넘으면 오히려 관심도가 감소할 것이라는 가정은 유의미한 결과를 도출하지 못하였다. 즉, 농식품벤처캐피탈 산업 활성화를 위해서는 정부재원이 막강한 영향력을 미치며, 앞으로도 지속적인 확대가 필요할 것으로 판단된다. 위와 같은 결과의 검증을 위해서 추가로 실시한 심층 인터뷰를 통해서도 일회성이 아닌 꾸준한 정부의 출자와 이를 통한 회수금의 재투자가 이루어지는 선순환 구조가 시장에 명확히 자리 잡는 것이 중요하다는 것을 확인할 수 있었으며 분석결과를 충분히 뒷받침해 주었다. 그만큼 정부(농림축산식품부, 해양수산부, 기획재정부)의 정책적인 방향과 결정이 한 산업의 태동을 담당하는 벤처 생태계의 육성에 얼마나 중요한 영향을 미치는지를 확인할 수 있다.

또 민간자금을 결합한 전체적인 출자금액의 증가는 농식품기업에 대한 투자 규모 증대로도 이어지며, 농식품기업의 성과와도 연결된다는 것이 입증되었다. 이는 근본적으로는 정부재원의 확대, 나아가 민간자금의 유입이 더욱 확대되어야 농식품벤처캐피탈시장이 본격적으로 육성되며 농식품벤처기업에 대한 투자로도 이어진다는 것을 의미한다.

특수목적펀드의 조성 또한 조성한 분야의 기업들에 대한 투자를 정책적으로 유인하는 효과로 더욱 유의미하게 연계된다는 것이

밝혀졌다. 농식품벤처기업의 균형 있는 성장과 발전을 위해서는 다소 소외되는 분야에 대한 정책펀드의 조성이 필요하다는 것을 알 수 있다.

연구결과를 통해서도 알 수 있듯 산업의 육성과 성장을 위해서는 정부의 역할이 필수적으로 요구되며 그 시기와 지원 규모 또한 중요한 요소이다. 향후에도 농림수산식품모태펀드는 정부출자금의 확보를 통해 아직도 소외받고 있는 농산업 전반의 다양한 벤처기업을 육성하고 산업을 규모화하고 확대시켜 나아가야 할 것이다. 가시적인 성과를 달성하기 위해 국가와 시장과 모두 원활히 소통하여 양적 효율을 확보하고 기업의 역량을 강화하기 위한 힘을 지원해야 할 것이다. 또 이 같은 지원이 단편적인 관점에서의 양적 지원 외에도 다방면으로 여러 정책적 융합, 협력이 이루어져 시너지 효과를 창출할 수 있도록 방안을 모색하는 것이 필요할 것이다. 비단 한 기관의 한 펀드가 시장에 미치는 일차원적 영향이 아닌, 농림축산식품부를 주축으로 하여 유관기관, 학계, 기업들 모두가 이에 관심을 가지고 의견을 모아야 할 것이다.

연구의 시사점

1. 정책적 관점

향후 과제는 본 연구를 통한 결과를 단순히 분석결과로만 두지 않고, 산업의 육성과 활성화를 위해 발 빠르게 움직이는 것이 될 것이다. 변환점을 도출하여 혁신적으로 변화를 주도하는 적극적인 노력이 필요할 것이다. 본 연구과제를 수행하는 과정에서 느낀 방향성에 대하여 학문적, 실무적, 정책적 이렇게 크게 세 가지 관점에서 언급하고자 한다.

첫째, 정책적 관점이다. 정책적으로 가장 중요한 과제는 '출자재원의 확대'일 것이다. 농식품모태펀드를 비롯한 정부 주도형 모태펀드의 도입 목적은 정부재원을 마중물로 하여 민간자금을 유치하고 이를 통해 시장에 모험자본을 공급하고 시장을 확대하고자 함에 있다. 즉, 자금이 유입되고 산업이 활성화되려면 마중물 역할을 하는 근본적인 정부의 재정지원이 필요하다. 이러한 필요성은 본 연구를 통한 결과로도 밝혀졌다. 심층 인터뷰를 통해서도 알 수 있듯이 아직 농식품 분야의 정부재정이 차지하는 비율이나 금액은 타 산업펀드 대비 미미하다. 최초 도입 당시 목표한 10년 내 1조 원 출자도 약 절반 수준으로만 달성한 상황이다. 정부재원의 유입을 통한 민간자금의 확보, 이를 통한 전체 펀드 조성 규모의 확대가 중요하다. 또 이를 통해 확보한 회수재원은 재출자하는 선순환 생태계를 구축해야 할 것이다.

2. 실무적 관점

둘째, 실무적 관점이다. 농식품펀드의 필요성과 재정 확대의 필요성은 본 연구를 통해 밝혀졌다. 다만, 아직 농식품 분야의 스타 기업 등의 등장이 부족하며 농식품기업들의 인식 부족, 정보 불균형 문제 등이 존재한다. 보조금과 융자제도에 대해서는 잘 알아도 농식품모태펀드와 투자의 개념에 대하여 처음 접해보는 농업경영체들의 수도 상당히 많다. 하지만 농업 분야 선진금융 제도의 정착을 위해 제3섹터형 금융으로서 '투자'제도를 많이 알리고, 교육해야 한다. 또 시장의 관계자들과 지속적으로 네트워킹하며 정보를 공유하고 확산시킬 필요가 존재한다. 이를 위해서 실무적으로 해야 할 일 중 하나는 '홍보 강화'이다. 일반적인 홍보방안뿐 아니라 산업 현장에 더욱 밀접하게 다가가는 방식의 홍보를 강화하여 농식품기 업들에는 인식전환의 기회를 부여해야 한다. 또 벤처캐피탈과 투자자(LP)에게는 농식품펀드에 대한 관심도를 증진시키고 참여를 유인해야 한다. 추가적으로 첨언하고 싶은 부분은 관련 전문가들과 협업하고, 농식품투자시장에 대한 전문성을 키울 수 있는 별도의 독립된 역할수행기관이 필요하다는 것이다. 산업의 통합적인 활성화와 관심도 증가를 위해서는 농금원 한 기관만의 역할로는 힘이 부족하다. 실제로 연구를 진행하는 동안 만난 다양한 기관, 전문가 자문, 인터뷰 등의 결과 '한국벤처캐피탈협회'와 같이 농식품벤처 투자 분야에서 공신력 있는 별도의 기관이 역할을 분담하여 보다 전문성을 갖추고 임할 필요성이 있다.

3. 학문적 관점

셋째, 학문적 관점이다. 본 연구를 진행함에 있어서 명확히 목적이나 분야가 일치하는 선행연구과제를 찾기가 어려웠고 적합한 통계자료 등을 수집하기에도 어려움이 존재하였다. 이를 통해 더욱 절실히 알 수 있는 것은 농식품산업 전반, 또 미래농산업, 농업 벤처시장, 농식품투자 등의 분야에 대한 보다 심도 있는 장기간의 연구와 고민이 필요하다는 것이다. 위 두 번째 관점에서 언급한 것과 같이 별도의 '협회'와 같은 전문기관이 설립되어 보다 지속적이고 꾸준한 연구를 진행해야 할 필요성이 존재하며 통계자료의 수집 및 가공, 분석 등이 필요하다는 것을 알 수 있다.

부디 본 연구결과가 정책 입안자를 비롯하여 운영기관인 농업정책보험금융원에게도 정교하고 통찰력 있는 정책을 수립하고 이끌어 나아가는 데 유의미한 시사점을 던졌기를 기대한다.

연구 한계점 및 향후 과제

본 연구에서는 벤처캐피탈의 현황 분석을 기반으로 농식품 분야의 벤처캐피탈시장에 대한 분석 및 정부의 개입으로 인한 영향력을 중심으로 가설을 확대하고 검증하였다. 그 과정에서 한계점 또한 존재한다. 농식품기업에 대한 투자와 그를 통한 성과는 비단 농림수산식품모태펀드에서만 이루어지는 것은 아닐 것이다. 그러나 벤처캐피탈시장 현황파악이 가능한 통계수치 등의 기준에 '농림수산식품' 분야가 명확하게 구분되어 있지 않아 보다 신뢰도 높은 수치를 도출할 수 있는 규모 있는 자료를 확보하지 못하였다. 또한, 한국모태펀드에 비하여 규모가 작고 농식품펀드에 참여하거나 관심이 있는 벤처캐피탈의 정략적 숫자가 적으며 공개된 데이터가 부족하여 분석 표본집단에 대한 규모의 한계점 또한 존재할 수 있다. 또 산업 전반의 움직임과 성장을 통찰하고자 하는 연구의 방향성에 비해 11년이라는 시간은 다소 짧게 느껴질 수 있다.

또 가설을 검증하는 과정에서 농식품펀드 출자 규모를 구분할 때 정부출자재원의 확대와 민간을 포함한 총 출자 규모의 확대 유의성이 너무 높아 정부출자재원의 확대만을 사용할 수밖에 없었던 한계점도 존재하였다. 추후에는 정부와 민간자금의 관계를 명확히 규명하고 이로 인해 견인되는 효과를 보다 면밀히 분석하는 것도 남아 있는 과제라고 생각된다.

여러 한계점에도 불구하고, 명확히 별도의 정책 모펀드로서 농식품모태펀드의 존립 목적과 필요성에 대하여 근거를 도출하고 확대의 당위성을 제시했다는 점에서 매우 의미 있는 연구이다. 나아가 농식품모태펀드의 투자관리전문기관인 농업정책보험금융원과 농림축산식품부, 해양수산부의 정책 방향성 설정에 있어서 유의미한 의견을 제시했다고 볼 수 있을 것이다.

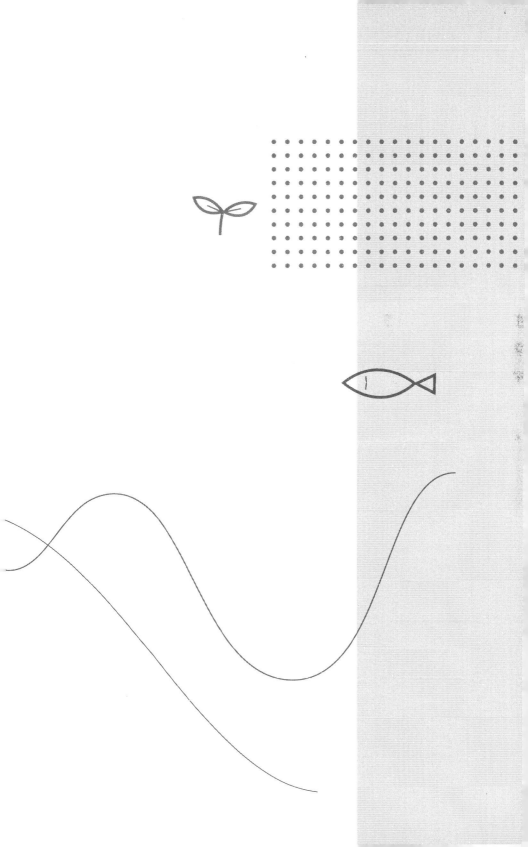

1. 참고문헌

[1] 곽기현(2021), 한국벤처투자, 벤처캐피탈 회사의 투자 스타일에 관한 연구

[2] 김준석(2017), 자본시장연구원, 모험자본 회수시장의 현황 및 과제

[3] 최선무 · 허철무(2022), 호서대학교 벤처대학원, 디지털농업화에 따른 농업경영체의 기업성과 결정요인에 관한 연구: 정부지원정책 프로그램 활용의 조절효과 중심으로

[4] 농촌진흥청(2012), 한국농업성장사: 농업연구 50년의 발자취와 농업성장

[5] 김미복 · 윤채빈(2020), 한국농촌경제연구원, 농업부문 포용적 금융을 위한 금융지원 실태분석 연구

[6] 서병철 · 김건우(2011), 학술연구: 벤처캐피탈의 자금투자 유형별 효과 분석, 기업가정신과 벤처연구, 14(1)

[7] 이석규(1999), 벤처캐피탈회사의 특성별 투자행태 및 성과 분석. 중소기업연구, 21(1)

[8] 허승오 · 김경란 · 조남준(2012), 농촌진흥청, 한국농업성장사

[9] 이종훈 · 정태현(2016), 벤처캐피탈에 대한 정부출자금의 초기단계기업 투자에 대한 영향, 벤처창업연구, 11(2)

[10] 임소진(2012), 정부참여 벤처캐피탈 펀드의 역할에 관한 실증연구, 기타연구, 1-47

[11] 박정서 외(2012), 한국모태펀드의 운용 현황과 투자 성과 분석, 중소기업연구

[12] 김승준(2016), SDGs와 농업개발: 식량안보와 포용적 경제성장을 중심으로, 『세계농업』

[13] 송인주(2013), 서울대학교 대학원, 세계화 시대 한국의 농업 산업화에 관한 연구: 축산 부문을 중심으로

[14] 이기섭(2020), 조선대학교 대학원, 농림식품산업의 글로벌 가치사슬 구조와 경제적 효과

분석 = Global Value Chain Structure and Impact of GVCs Participation on Agricultural and Food Product

[15] 임동준(2021), 동국대학교, 코로나19 사태가 한국 식품시장에 미친 영향: 식품 유통업계 구매 · 판매 동향을 중심으로 = The Impact of the Covid-19 Crisis on the Korean Food Market: Focus on changing strategies in the

[16] 공원규(2020), 호서대 벤처대학원, 농업 관련 산업 예비창업자의 특성과 창업지원이 창업의지에 미치는 영향 요인 연구: 네트워크수준의 조절효과를 중심으로

[17] 김준일 · 송원근(2014), 지식산업연구, 한국 모태펀드 투자기업의 고용 및 매출효과분석

[18] 임길환 · 정유훈(2014), 국회예산정책처, 벤처 · 창업지원 정책의 주요 쟁점과 개선과제

[19] 임소진(2012), 정부참여 벤처캐피탈 펀드의 역할에 관한 실증연구, 기타연구

[20] 금융위원회(2013), 금융위원회 신성장금융팀, 벤처 · 중소기업 자금지원 강화를 위한 투자금융 활성화 방안

[21] 김재진(2013), 벤처캐피탈 투자가 중소벤처기업 성과에 미치는 영향

[22] 이광용(2017), 벤처캐피탈 투자기업의 성과에 관한 연구: 코스닥 IPO 기업을 중심으로

[23] 김건우 · 서병철(2010), 벤처캐피탈 자금투자가 벤처기업 경영성과에 미치는 영향, 산업경제연, 23권 4호

[24] 김영훈 · 오승환 · 이민혁(2013), 벤처캐피탈 투자가 기업의 성장성과 생산성 향상에 도움을 주는가?, 생산성논집(구 생산성연구), 27권

[25] Agriculture, Rural Deveolpment, and pro-poor growth, World Bank

[26] Pacific Agriculture: Some Challenges and Opportunities Asher, C. Halavatau, S.(JOURNAL OF SOUTH PACIFIC AGRICULTURE, Vol.4 No.1-2, [1997])

[27] The Impact of Venture Capital on the Growth of Small- and Medium-Sized Enterprises in Agriculture

[28] M. Ayyagari, T. Beck, and A. Demirguc-Kunt, Small and medium enterprises across the globe, Small Business Economics, vol. 29, no. 4, 2007

[29] Y. Zhu, X. Wittmann, and M. W. Peng, Institution-based barriers to innovation in SMEs in China, Asia Pacific Journal of Management, vol. 29, no. 4, 2012

[30] T. George, Fair competition and preferential taxation policy for small & medium retail stores in China: a comparative study, Journal of Chinese Tax and Policy, vol. 3, no. 3, 2013

[31] Allen, F., & Gale, D.(2000), Comparing financial systems, MIT press

[32] Alperovych, Y., & Hübner, G.(2013), Incremental impact of venture capital financing, Small Business Economics, 41(3)

[33] Erek Byerlee, Xinshen Diao and Chris Jackson, 2005

2. 정기간행물 및 통계집류

○ 한국벤처캐피탈협회, 2022 KVCA YEARBOOK

○ 벤처기업협회, 2020. 12., 2020년 벤처기업정밀실태조사

○ 한국벤처캐피탈협회 30년사 발행본

○ 여신금융협회, 신기술금융권 투자실적 분석

○ 한국벤처투자 투자실적 현황 Monthly Report

○ 중소벤처기업부 벤처투자 현황 발행보고(2021. 9.)

○ 한국농촌경제연구원(2022), 농업전망 1, 2

○ 한국농촌경제연구원 세계농업정보 [e-세계농업] 월발간(2021~2022년)

○ 한국학술정보, 벤처캐피탈과 법(윤성승, 2007)

3. 웹사이트

○ 벤처기업협회(http://www.venture.or.kr/kova/index.jsp)

○ 전자공시 시스템 DART(http://dart.fss.or.kr/)

○ 벤처기업 투자 현황 사이트 THE VC(https://theVC.kr/)

○ 창업투자회사 전자공시 시스템(http://diva.kVCa.or.kr/div/cmn/DivDisclsMainInq)

○ 기업마당(www.bizinfo.go.kr)

○ 한국농촌경제연구원(https://www.krei.re.kr/krei/index.do)

○ 통계청(https://kostat.go.kr/portal/korea/index.action)

안녕하십니까?

본 설문지는 **"한국 벤처캐피탈의 농식품기업 투자에 농식품모태펀드가 미치는 영향에 관한 연구"**의 연구에 있어서 자료를 수집하는 데 목적이 있습니다.

본 설문조사는 농식품투자조합을 운영하시거나 향후 운영에 관심이 있으신 귀하께서 생각하신 대로 응답해 주시기 바랍니다. 응답 내용은 통계법 제8조에 의거하여 완전한 비밀이 보장되며 학술연구목적 이외의 목적에는 사용되지 않음을 약속드립니다.

귀하의 소중한 시간 내 주셔서 설문에 협조해 주신 데 대해 깊은 감사를 드리며, 설문 내용에 관한 의문사항이 있으면 E-mail: schv6556@naver.com으로 연락 주시면 답변 드리겠습니다. 감사합니다.

2022년 6월 12일
연구자: 정성봉
지도교수: 홍현권

Caroline University

1. 다음은 농식품모태펀드 출자재원구성과 관련한 질문입니다.

1-1. [객관식] 농식품투자조합을 운영하시거나 결성을 희망하시는 경우, 농식품펀드 정부출자(공적재원)와 관하여 인지하시는 해당 항목의 번호에 체크(√)하여 주십시오.

문항	전혀 그렇지 않다	그렇지 않다	보통 이다	그렇다	매우 그렇다
1	농식품모태펀드의 정부재원(출자금)은 확대되어야 한다.	①	②	③	④	⑤
2	정부출자비율이 높은 펀드가 더욱 필요하다.	①	②	③	④	⑤
3	농식품펀드의 정부출자금 확대를 통해 자펀드의 숫자가 확대되어야 한다.	①	②	③	④	⑤
4	위의 자펀드 숫자 확대는 벤처캐피탈의 농식품펀드에 대한 관심도 증가와 정(+)의 상관관계를 가진다.	①	②	③	④	⑤
5	농식품펀드의 정부출자금 확대를 통해 자펀드의 정부출자비율이 확대되어야 한다.	①	②	③	④	⑤
6	위의 정부출자비율 확대는 벤처캐피탈의 농식품펀드에 대한 관심도 증가와 정(+)의 상관관계를 가진다.	①	②	③	④	⑤
7	정부출자금이 지나치게 증가하는 특정 지점이 지나면 오히려 농식품펀드에 대한 관심도가 하락한다.	①	②	③	④	⑤

1-2. [서술형] 농식품펀드 정부출자 증가가 농식품펀드(나아가 농식품기업 투자)에 대한 관심도 증가로 이어진다고 생각하십니까? 그렇게 생각하시는 이유를 서술해 주십시오.

2. 다음은 농식품모태펀드 전체 조성 규모와 관련한 질문입니다.

2-1. [객관식] 농식품펀드의 조성 규모와 관련하여, 귀하가 생각하는 해당 항목의 번호에 체크(√)하여 주십시오.

	문항	전혀 그렇지 않다	그렇지 않다	보통 이다	그렇다	매우 그렇다
1	농식품펀드의 현재 평균 조성 규모(약 200억)는 적정하다.	①	②	③	④	⑤
2	농식품펀드는 더 활발한 민간자금 유입으로 전체 펀드 사이즈(규모)의 증가가 필요하다.	①	②	③	④	⑤
3	농식품펀드 자펀드 전체 규모 확대는 다른 관련요인을 통제하였을 때 농식품기업에 대한 투자 규모 증대에 양(+)의 영향을 미칠 것이다.	①	②	③	④	⑤
4	농식품펀드의 확대는 농식품기업에 대한 관심으로 이어진다.	①	②	③	④	⑤
5	농식품기업의 성장과 산업벤처 생태계 조성을 위해서는 규모의 확대가 필요한 시점이라고 생각한다.	①	②	③	④	⑤
6	농식품펀드의 조성액이 일정 규모 이상 증가하면 오히려 농식품기업에 대한 투자에는 음(-)의 영향을 미칠 것이다.	①	②	③	④	⑤

2-2. [서술형] 농식품펀드 조성 규모 증가가 필요하다고 응답하신 경우, 조성 규모의 증가가 필요한 이유에 대하여 서술하여 주십시오.

3. 다음은 농식품모태펀드 출자 분야와 관련한 질문입니다.

3-1. [객관식] 농식품투자조합 출자 분야(일반, 특수목적)과 관련한 질문에 대하여
응답자가 인지하는 해당 항목의 번호에 체크(√)하여 주십시오.

문항		전혀 그렇지 않다	그렇지 않다	보통 이다	그렇다	매우 그렇다
1	농식품 분야 펀드 조성에 관심이 있다.	①	②	③	④	⑤
2	농식품모태펀드의 다양한 분야별 특수목적펀드 조성은 실제 해당 분야 농식품기업 투자와 양(+)의 상관관계로 이어진다.	①	②	③	④	⑤
3	특수목적펀드 조성을 통한 다양한 분야의 농식품기업 투자는 해당 기업의 성장과도 양(+)의 상관관계로 이어진다.	①	②	③	④	⑤
4	정책펀드를 통한 투자는 피투자기업의 재무적 성과를 견인한다.	①	②	③	④	⑤

3-2. [서술형] 정부출자비율이 높은 특수목적펀드(그린바이오, 스마트농업, 농식품
벤처 등)의 조성 확대가 해당 분야 기업의 성장으로 이어진다고 생각하시는 경
우, 그렇게 생각하시는 이유를 서술해 주십시오.

4. 다음은 농식품기업의 성장과 관련한 질문입니다.

4-1. [객관식] 농식품기업에 대한 투자 후, 피투자 농식품기업의 성과(재무적/비재무적 관점)에 대하여 귀하가 인지한 것에 대하여 해당 항목의 번호에 체크(√)하여 주십시오.

문항		전혀 그렇지 않다	그렇지 않다	보통 이다	그렇다	매우 그렇다
1	정책펀드를 통한 투자는 피투자기업의 재무적 성과를 견인한다.	①	②	③	④	⑤
2	정책펀드를 통한 투자는 피투자기업의 비재무적 성과를 견인한다.	①	②	③	④	⑤
3	농식품펀드 투자에 대한 피투자기업의 선호도는 높다.	①	②	③	④	⑤

5. 귀하께서 생각하시기에, 타 산업 대비 농식품 분야에 대한 벤처 캐피탈의 관심도가 저조한 이유는 무엇이라고 생각하십니까?

6. 농식품기업 투자에 관심이 있는 투자자로서, 농식품투자에 대한 벤처캐피탈의 관심과 투자가 확대되기 위해서는 어떤 역할이 필요하다고 생각하십니까?(정부의 역할 및 벤처캐피탈의 역할)

7. 향후 농식품기업에 대한 투자와 농식품펀드 참여에 대한 관심도가 있습니까? 그렇다면 그 이유는 무엇입니까?

※ 귀사와 귀하에 관한 일반적 공통사항에 관한 질문입니다.

1. 귀하의 성별은?
　　① 남성　　　　　② 여성

2. 귀하의 연령은 어떻게 되십니까?
　　① 20세 ~ 29세　　② 30세 ~ 39세　　③ 40세 ~ 49세
　　④ 50세 ~ 59세　　⑤ 60세 이상

3. 귀하의 VC 심사역 경력은 어떻게 되십니까?
　　① 1년 이하　　　　　　② 1년 초과~2년 이하
　　③ 2년 초과 ~ 3년 이하　　④ 3년 초과 ~ 4년 이하
　　⑤ 4년 초과

4. 귀하가 소속한 운용사의 평균 벤처투자펀드 운용 규모(AUM)는
　어떻게 되십니까? (약　　　억 원)

5. 귀하의 주요(주력) 투자 분야는 어떤 분야입니까?
　　① 농림수산식품　② ICT/정보통신　③ 바이오/제약
　　④ 유통/서비스　　⑤ 문화/콘텐츠　　⑥ 기타(　　)

6. 귀하가 주력하는 주요 투자단계는 어떻게 되십니까?
　　① 창업초기(설립 3년이내)　　　② 중기(3년초과~7년이내)
　　③ 중후기(5년 초과 ~ 10년 이내)　④ 후기(7년 초과)

7. 귀하의 평균 투자금액은 어떻게 되십니까?
　　① 10억 원 미만　　　　② 10억 원 ~ 30억 원 미만
　　③ 30억 원 ~ 50억 원 미만　④ 50억 원 ~ 100억 원 미만
　　⑤ 100억 원 이상